내가 허락하지 않는 한

일러두기

1. 이 책에 인용한 문장들은 데일 카네기 사후, 그의 부인 도로시 카네기가 펴낸 《데일 카네기의 스크랩북Dale Carnegie's Scrapbook》을 저본으로 삼아 엮은이가 새롭게 편집한 것이다. 해당 책에는 데일 카네기가 평생에 걸쳐 수집한 명언과 그 자신의 글이 담겨 있다.

2. 이 책에 실린 인용문 가운데 시의 경우, 전문을 인용했을 때는 시 제목을 함께 표기했으며, 일부만 인용했을 때는 다른 인용문들과 마찬가지로 문장만 실었다.

3. 가독성을 높이고 문장에 더 집중하기 위해, 산문 역시 운문 형식으로 편집하였다.

내가

허락하지

않는 한

마음을 지키는 습관,
한 문장 붙잡기

충희 엮고 씀

여리풀

서문

익혀서
익숙해졌다
습, 관.

몸에 배어
절로 움직이는
몸의 습관

마음이 허락해
제풀에 기우는
마음의 습관

습관의 얼굴은
자유일 때도
족쇄일 때도

우리는 그렇게 살고 있다
습, 관의 얼굴로.

　　2003년 초, 출판계에 발을 들였다. 자기계발 분야에서 기획자로, 편집자로 그렇게 20여 년을 보내고 있다. 늘 남의 글을 고르고, 다듬고, 방향을 잡아주는 역할이었다. 그러다 이번에는, 엮고 쓰는 역할로 이 책에 참여했다.

이 선택은 여전히 낯설고 어색하다. 소위 '짬밥'이 쌓였다고 생각해 만용을 부린 걸까? 글쎄, 그럴 리는 없다. 나는 지금까지 단 한 번도 글쓰기가 내 영역이라고 생각해본 적이 없다. 그럼에도 이 작업을 하게 된 이유는 분명하다.

나이가 들면서 업에서 자꾸 뒤처진다는 느낌을 온몸으로 실감하기 시작했다. 심리적으로도, 현실적으로도 돌파구가 필요했다. 무엇이든 붙잡는 작업이 필요했다. 그러다 찾은 것이 '한 문장 붙잡기'다.

나는 자기계발서 기획자다. 자기계발서의 목적은 해석 그 자체가 아니라, 개인의 변화에 있다. 그리고 난 '변화'를 이렇게 부른다. 철저히 개인적인, '설득됨'의 순간이라고. 그 순간, 변화의 불꽃이 일어난다. 나에게도 그 불꽃이, 그 설득됨이 필요했다. 그래서 한 문장을 붙잡기로 했다. 이 작업을 시작할 때, 나는 큰 전제 하나를 세웠다. "이 문장은 무조건 옳다!" 더불어 해석의 힌트는 언제나 그 문장 안에 있다고 전제했다. 그래서 가능한 한 다른 배경지식은 배제하기로 했다(물론 완벽한 배제는 불가능했다). 나는 이 방식을 '한 문장 붙잡기'라고 불렀다.

물론, 아는 만큼 보인다는 말은 옳다. 배경지식이 많은 사람은 더 많은 것을 볼 것이다. 하지만 그만큼이나, 아니 그보다 더 중요한 것은 '붙잡는 마음'이다. 문장을 붙잡고 고요히 침잠할 때 내면에서 일어나는 생각과 느낌이야말로 우리를 '설득됨의 순간'으로 이끈다.

살다 보면, 문장 하나가 필요한 순간이 있다. 모든 답을 주지 않아도 괜찮다. 다만 붙잡고 버틸 수 있는 문장이면 된다. 이 작업을 마치는 지금, 모든 이에게 그런 문장 하나쯤은 있었으면 좋겠다는 생각이 진하게 남는다.

마지막으로, 부제에 '마음을 지키는 습관'을 붙인 이유를 덧붙인다. 우리 마음에도 습관이 생긴다. 사건과 상황 앞에서, 자신도 모르게 어떤 한 방향으로 마음이 흐른다. 비관, 자책, 공포로 흐르는 마음이 있는가 하면, 가능성, 희망, 혹은 좋은 의미의 '오기'로 흐르는 마음도 있다. 분명 천성도 작용하겠지만, 상당 부분은 스스로 익혀서習, 익숙해진慣 방향이다. 이것이 '마음의 습관'이다. 이왕이면, 조금 더 나를 지키는 방향으로 마음이 흐르기를 바라는 마음으로 본문의 문장들을 선택했다.

　　바람이 있다면, 독자 중 단 한 분만이라도 걱정과 비관 대신, 긍정과 희망의 마음 습관을 가지게 되시기를. 정말 그런 일이 일어나면 좋겠다.

　　작업을 마치며, 한 문장을 꼭 붙잡는다.

　　"내가 허락하지 않는 한, 누구도 내 마음을 꺾을 수 없다."

차례

3. 어떤 날들은 ■■■ 어둡고 ■■■■■
　　　 우울할 수밖에 ■■■■■ 없다

4. ■■■ 사실을 ■■■■ 알아라,
　　　 사실을 껴안아라 ■■■■■

5. ▨▨▨ A현이 ▨▨ ▨▨ ▨▨ 끊어지더라도

6. 밤이 ▨▨▨ 밤이 되게 ▨▨▨ 하라 ▨▨▨

7.   푠른 ▨▨▨ ▨▨▨▨
            ▨▨▨▨ 하루 ▨▨?

1. 　　　　내가 ▓▓ 허락하지 ▓▓▓
　　　　　　　　▓▓▓▓ 않는 한

일단 시작하라

할 수 있다고 믿는 일이든, 꿈꾸는 일이든,
일단 시작하라.
담대함 속에는 천재성과 힘, 그리고 마법이 깃들어 있다.

요한 볼프강 폰 괴테

우리는 흔히 계획, 준비, 전략 같은 것들이
인생을 움직인다고 생각한다.
하지만 정작 우리 삶을 바꾸는 것은, 괴테의 말처럼 '시작'이다.
세상에 완벽한 계획이란 없다.
이는 회사에서든 인생사에서든, 조금만 살아보면 알게 된다.
시작 없이, 생각만으로는 그 어떤 것도 바뀌지 않는다.
그래서 대문호는 말한다.
할 수 있다고 믿는 일이든, 아직은 막연하게 꿈꾸는 일이든,
일단 첫발을 내딛으라고.
대담하게 첫발을 내딛는 순간,
우리 안의 잠재력은 잠에서 깨어난다.
멈춰 있던 능력이 다시 활동하기 시작하고,
머릿속에만 있던 가능성들이
현실을 향해 걸음을 떼기 시작한다.

괴테는 이 놀라운 변화를 '천재성, 힘, 마법'이라고 부른다.
농도의 차이는 있어도, 누구나 한 번쯤은 이런 경험을 한다.
중요한 것은 '시작의 힘'이 일회성 기적이 아니라,
언제든 다시 불러낼 수 있는 에너지라는 것.
그게 이 문장의 핵심 아닐까.

괴테의 문장 앞에서 자꾸 한 회장님의 말이 떠오른다.
"이봐, 해보기나 했어?"
젊은 시절에는 꼭 사장의 갑질처럼 들렸지만,
살다 보니 그 말이 꼭 그런 의미만은 아니겠다 싶다.
오늘 하루만큼은 망설임을 멈추고
작은 것 하나라도 시작해보자.
대담하게 첫발을 내딛는 순간,
하늘은 이미 우리 편이 되기 시작했다.

"그래서, 뭐 어쩔 건데?"

미래를 두려운 눈빛으로 바라보는 것은
결코 안전하지 않다.

에드워드 헨리 해리먼

미래는 불확실하다. 그래서 두렵다.
하지만 우리에게 진짜 위험한 것은, 불확실성 그 자체일까,
아니면 그 불확실성이 만들어낸 두려움일까?
두려움은 시야를 가리고, 상황을 과장하며,
객관적인 판단을 흐리게 만들고,
부정적인 시나리오만 보게 한다.
그러나 그 시나리오는 대부분 '가정'일 뿐이다.
결국 '비현실'이 현실을 가로막는 셈이다.
그런데 불확실성 앞에는 두려움만 있는 게 아니다.
설렘과 기대감 또한 불확실성의 또 다른 가능성이다.
생각해보면, 불확실한 미래를 두려움으로 바라보는 것도
어쩌면 우리의 선택이다.
본능처럼 보이지만 사실은 선택이고,
때로는 편리한 핑계에 가까울지 모른다.
차라리 미래에 대한 최악의 시나리오를 그려보자.

최악을 그려보는 순간, 막연함이 사라진다.
그때 미래는 생각보다 덜 두려워진다.
죽기 아니면 까무러치기다.
그러니 오늘은 이 말을 주문처럼 외워보자.

"그래서, 뭐 어쩔 건데?"

※ 덧붙이는 문장: 데일 카네기는 이렇게 말했다. "당신에게 걱정거리가 있다면, 이 세 가지를 실천하라. '도대체 최악의 상황은 무엇일까?'라고 스스로에게 물어라. 어쩔 수 없다면, 그 최악을 받아들일 준비를 하라. 그런 다음 침착하게 그 최악의 상황을 개선하기 위해 나아가라. 최악의 경우를 받아들이기만 하면, 우리는 더 잃을 것이 없어진다. 그리고 그것은 곧, 얻을 수 있는 모든 것이 우리 앞에 열린다는 뜻이다!"

내가 허락하지 않는 한

당신의 동의 없이는,
누구도 당신에게 열등감을 느끼게 할 수 없다.

엘리너 루스벨트

처음에는 이 말을 이해하지 못했다.
열등감을 느끼는 것과 나의 동의 사이에 무슨 상관이 있단
말인가, 하고.
하지만 생각할수록, 소름 돋는 문장이었다.
솔직히 나의 자존감은 남이 흔들 수 있는 게 아니다.
타인의 말이나 태도가 나를 작게 만들 수 없다.
내가 허락하지 않는 한, 내가 인정하지 않는 한,
그 어떤 비난도 내 마음속에 자리 잡을 수 없다.
나의 가치를 결정하는 권한은 오직 나에게만 있다!
이런 말이 혹시 겸손하지 못하다고 느껴질까?
겸손 역시 나의 선택이다.
나를 정직하게 직면하며
스스로 자신의 현재를 솔직하게 인정하겠다는 것,
그게 겸손의 미덕이다.
물론 상처를 주려는 그(들)의 시도가 정당한 것도 아니며,

상처 따윈 존재하지 않는다는 뜻도 아니다.

다만 그 상처가 내 삶을 지배하도록 허락할 것인지는 다른 문제라는 것이다.

문장은, 상처를 '나의 가치'로 착각하지 않겠다는 선언이다.

나의 가치는 내가 결정한다.

'나에 대한 그(들)의 평가는 합당한가, 납득할 만한가.

혹시 그(들)의 직위, 사회적 위치, 재산 때문에

나도 모르게 주눅 든 건 아닌가.'

오늘 이 문장을 꽉 붙잡는다.

"내가 허락하지 않는 한, 누구도 내 마음을 꺾을 수 없다."

두려워 숨이 멎을 듯한 순간에도

용기란,
두려움에 사로잡혀 숨이 멎을 듯한 순간에도
제대로 행동할 수 있는 능력이다.

오마 브래들리 장군

용기 있는 사람은 두려움이 없는 사람이 아니었다.
용감하다는 사람도
두려움 앞에서 숨이 멎을 듯한 순간을 겪는다.
그렇다면 누군가가 용기 있다는 것은 어떻게 알 수 있을까?
장군은 말한다.
두려움 속에서도 맡은 임무를 끝까지 해내는 자가 진짜 용기
있는 사람이라고.
두려움의 크기가 어떻든, 올바른 행동을 선택할 수 있는 힘,
그것이 바로 용기였다.
내일에 대한 두려움, 사장 앞에만 서면 주눅 드는 마음,
생각만 해도 아찔해지는 중점 프로젝트…….
이 모든 일상의 크고 작은 두려움 앞에서 나는
뒷걸음질 칠 것인가,
아니면 그 순간에도 나의 일을 묵묵히 해나갈 것인가.

용기의 의미를 다시 한 번 붙잡아본다.
"용기란, 두려움에 사로잡혀 숨이 멎을 듯한 순간에도
제대로 행동할 수 있는 능력이다."

공중의 성

누군가 꿈이 바라보는 방향으로 자신감 있게 나아가고,
상상했던 삶을 살기 위해 노력한다면,
그는 평범한 시간들 속에서는 결코 예상치 못했던 성공을
만나게 될 것이다.
만약 당신이 공중에 성城을 세웠다 해도,
그 수고가 헛될 필요는 없다.
성은 원래 거기 있어야 하니까 말이다.
자, 이제 그 성 아래에 주춧돌을 놓자.

헨리 데이비드 소로

많은 사람이 자신의 꿈을 '비현실적'이라며
스스로 깎아내리지만
월든의 철학자 소로는 그 '공중의 성'이야말로
바로 거기에 세워져야 한다고 말한다.
꿈은 방향을 제시하는 나침반이자 설계도다.
중요한 것은 공상에 머무르지 않고 실제 움직이는 일이다.
"주춧돌을 놓자"는 것은 어떤 의미일까.
아마도 구체적이고 꾸준한 노력을 기울이자는 뜻 아닐까.
난 '주춧돌'이라는 말에서 용기를 얻었다.

하루하루 내딛는 작은 한 걸음이 바로 주춧돌이라는 뜻이
니까 말이다.
나는 '주춧돌'이란 어떤 특별한 능력을 가리킨다고 생각했지만,
소로는 말한다.
자신감 있게 나아가는 용기와 꾸준한 노력이야말로 진정한
기초라고.
막연했던 꿈을 향해 한 걸음 내딛는 순간,
평범했던 그 시간이 모여, 결국엔 한 채의 성이 되어간다.

그렇다. "그 수고가 헛될 필요는 없다."

우리는 생각보다 훨씬 강하다

누구나 재난과 비극을 견뎌내고, 심지어 이겨낼 수도 있다.
도저히 피할 수 없는 상황이라면 말이다.
처음에는 도저히 가능할 것 같지 않더라도,
우리 안에는 놀라울 만큼 강한 내적 자원이 있어서
그것을 활용하기만 하면 끝까지 헤쳐 나갈 수 있다.
우리는 생각보다 훨씬 강하다.

데일 카네기

우리는 대개 자신을 과소평가하며 산다(물론 정반대의 이들도
있긴 하다).
작은 문제에도 흔들리고, 조금만 어려워져도
"역시 나는 안 돼"라며,
너무 빨리 자신의 능력에 한계선을 그어버린다.
하지만 우리 삶은 (어쩌면 자신도 깨닫지 못한 사이에) 끊임없이
증명해왔다.
막다른 골목처럼 보였던 순간도 지나왔고,
무너진 줄 알았던 마음도 다시 일으켜 세웠고,
더는 버틸 수 없다 생각했던 순간도 어찌어찌 건너왔다.
이런 경험은 결국

내 안의 '숨은 자원'이 작동했다는 증거다.

큰 재난과 비극을 이겨낸 사람은 처음부터 슈퍼맨, 슈퍼우먼이었을까?

어쩌면 그들 자신도 자신의 힘을 몰랐을지 모른다.

다만, 그들은 자신의 힘을 마지막까지 포기하지 않았다.

포기하고 싶어질 때,

내가 가진 힘의 크기와 깊이를 얕보지 말자.

우리의 지난 삶이 증명해왔듯,

"우리는 생각보다 훨씬 강하다."

오늘, 이 한 문장을 붙잡는다.

인생의 첫 교훈

할 수 있다고 믿는 사람이 결국 이겨낸다.
하루하루의 두려움을 극복하지 못한다면,
그는 아직 인생의 첫 교훈조차 배우지 못한 것이다.

랠프 월도 에머슨

우리는 거의 반사적으로 성공의 조건을 환경이나 능력에서
찾는다.
보잘것없는 우리 '마음'에서는 찾으려 하지 않는다.
세상은 마음의 힘을 말하는 자를 지성이 없거나
'싸구려 자기계발'에 세뇌된 자처럼 여기기도 한다.
하지만 생각해보면, 환경과 능력만을 말하는 이들은
어쩌면 탓할 대상을 찾고 있는 건지도 모른다.
마음의 힘을 인정하는 순간, 결국 자기 자신과 마주해야 하
기 때문이다.
그러나 철학자 에머슨은 성취의 근본 동력을
'할 수 있다'는 자기 신뢰에서 찾는다.
불편한 진실이지만,
솔직히 그의 주장에 반박할 말은 별로 없다.
현실은 우리에게 매일 같이 새로운 도전을 던진다.

그리고 그 도전은 늘 두렵다.

그래서 뭔가를 탓하고 싶어진다. 하지만 철학자는 그런 나를 죽비로 내려친다.

"하루하루의 두려움을 극복하지 못한다면,

그는 아직 인생의 첫 교훈조차 배우지 못한 것이다."

인생은 성장의 여정이어야 할 것이다.

그러기 위해서는 매일, 의식적으로, 현실의 도전을 이겨내야 한다.

그 도전을, 그 두려움을 넘어설 때

우리는 비로소 성장의 첫 단계에 올라서게 된다.

우리에게 필요한 건,

하루하루 쌓아 올릴 작은 용기를 쥐어짜 보는 것이다.

"할 수 있다고 믿는 사람이 결국 이겨낸다."

(중요한 부분! 물론, 구조적 불평등을 만들어내는 사회 구조의 문제는 반드시 해결되어야 한다.)

적어도 하루에 한 번은

적어도 하루에 한 번,
불가능해 보였던 일을 해내지 않고서는,
누구도 앞으로 크게 나아가지 못한다.

엘버트 허버드

이 문장을 처음 접했을 때, 와, 이건 너무 과한 거 아냐, 했다.
적어도 하루에 한 번, 오늘까지는 불가능하다고 여겼던 일을
해내라고 하니 말이다.
우리는 불가능한 일이라고 하면, 엄청나게 거창한 걸 떠올리
게 된다.
고등학생이라면 수능 만점,
젊은 직장인이라면 터무니없는 연봉 목표,
나 같은 출판 기획자라면 100만 부짜리 기획 같은 것.
하지만 이런 건 인생에서 몇 개 되지 않는다.
그렇다면 허버드가 말하는 '불가능한 일'이라는 건 전혀 다
른 의미일지 모른다.
사소한데, 나에게는 불가능처럼 여겨졌던 일들.
평소보다 30분 일찍 일어나기, 술 먹는 횟수 줄이기,
책 30분 더 읽기, SNS 한 시간 줄이기 등등.

이제야 문장이 이해된다.

그렇다.

성장은 지금까지 해오던 대로 해서는 이뤄지지 않는다.

미루고 미뤘던 일을 오늘 마음먹고 시작하거나,

두려워 피했던 사람에게 말을 걸거나,

평소보다 조금 더 일찍 일어나 아침 독서를 하거나…….

그렇게 매일 아주 작은 '나만의 불가능'을 넘어설 때

우리는 자신이 정한 한계를 벗어나 더 멀리 나아갈 수 있다.

어제까지만 해도 '이건 안 돼'라고 여겼던 일들에

오늘은 한번 도전해보자.

《가르시아 장군에게 보내는 편지》의 저자가,

"불가능해 보였던 일을 해내지 않고서는,

누구도 앞으로 크게 나아가지 못한다"고 하니 말이다.

스스로 설득하라, 할 수 있다고

만약 어떤 일이 가능하다고 스스로 설득해낸다면,
(물론, 그 일은 객관적으로 불가능한 게 아니다),
그것이 아무리 어렵더라도 해낼 수 있다.
하지만 반대로,
세상에서 가장 간단한 일조차 할 수 없다고 상상하면,
그 일은 불가능해진다.
그땐 작은 흙더미조차도 넘을 수 없는 산이 되고 만다.

에밀 쿠에

에밀 쿠에 박사는 '자기 암시'로 유명하다.
'생각하는 대로 된다'는, 생각의 힘을 설파하는 이들이 자주
인용하는 작가다.
하지만 그는 막무가내식의 '믿으면 된다' 주장을 한 사람이
아니었다.
괄호 속 문장,
"물론, 그 일은 객관적으로 불가능한 게 아니다"가 그의 입
장을 명확히 드러낸다.
살다 보면, 해봐야만 아는 일들이 얼마나 많은가.
지난 경험 하나에 매여 너무 빨리 포기할 때가 많다.

그래서 이런 작가들의 말이 여전히 힘을 갖는다.
우리가 어떤 일을 할 수 있다고 스스로 설득하는 순간,
뇌와 잠재의식은 그 목표를 향해 움직이기 시작한다.
스포츠 경기에서 선수들이 혼자 되뇌는 말, "할 수 있어!"
"난 할 수 있어!"
그 읊조림은 기행이 아니다.
반대로 "난 못 해"라는 자기 암시는 작은 장애물도 넘을 수
없는 산으로 만든다.
마음이 이미 진 것이다.
격투기 선수들이 기싸움을 하는 이유도 결국 같다.
상대의 마음을 먼저 꺾어야 이기기 쉬우니까.
최근 유행했던 말처럼,
중꺾마, 중요한 건 꺾이지 않는 마음이다.
우리의 능력과 그 한계는 결국
자신에게 속삭이는 말이 결정한다.
객관적으로 불가능한 일이 아니라면,
오늘만큼은 나에게 이렇게 말해주자.

"너? 할 수 있어!"

확고한 토대가 필요하다

이것이 성공의 가장 확고한 토대다.
자신에 대한 확신을 갖고,
온 힘을 다해 일에 몰두하는 것.

토머스 E. 윌슨

성공에 특별한 비밀 따위는 없다, 알고 보면 말이다.
수많은 이유를 갖다 붙이기도 하지만, 알고 보면,
엉덩이가 무거운 사람, 손이 쉬지 않는 사람, 생각이 흩어지지 않는 사람,
결국 그들이 자신의 뜻에 가장 먼저 다다른다.
가끔은 어떻게 저렇게 한결같을 수 있을까, 궁금해진다.
문장은 말한다.
자신감, 자기 자신에 대한 확신을 갖고,
헌신, 온 힘을 다해 몰두하는 것.
이 '자신감'이라는 말에서 난 두 가지 뉘앙스를 느낀다.
'난 해낼 수 있다'라는 믿음,
'이건 내 일이다'라는 책임감.
일에 대한 헌신은, 가능하다는 자기 확신과
생각지 못한 어려움에도 물러서지 않겠다는 책임감이 합쳐

질 때 생겨난다.

그리고 이 둘은 서로를 강화한다.

자신감은 몰두를 낳고, 몰두는 더 큰 자신감을 낳고,

더 큰 자신감은 다시 더 큰 몰두를 낳는,

말 그대로 아주 멋진 선순환이다.

이 선순환을 이겨낼 장사가 어디 있을까.

기억하자. 성공을 떠받치는 확고한 토대는

"자기 확신을 갖고, 온 힘을 다해 일에 몰두하는 것"이다.

회피할 땐 답이 없다

닥쳐오는 위험 앞에서는 결코 등을 돌려
달아나서는 안 된다.
위험이 두 배로 커진다.
반대로 곧바로, 움찔하지 않고 맞서면 위험은
절반으로 줄어든다.
어떤 것에서도 도망치지 마라. 절대!

윈스턴 처칠

'위험'이라는 녀석은 피하려 할수록 오히려 더 커진다.
용기 있게 맞서는 것은, 언제나 해봐야 알게 되듯,
생각보다 어렵지 않다.
그 순간 극복의 가능성이 커진다.
두려움은 도망칠 때 난폭해지고,
두 눈 부릅뜨고 노려볼 때 약해진다.
늘 그렇듯, '회피'에는 답이 없다.
언제나, '직면'할 때 답이 있다.
그러니, 어떤 것에서도 도망치지 마라.
절대!

2.  어른의 ███
███████ ████████ 조건

작은 용기를 흘려보내지 마라

우리의 의지는, 그것이 얼마나 자주,
얼마나 분명하게 행동으로 드러났느냐에 따라
그 굳셈이 달라진다.
쓰면 쓸수록 좋아지는 머리처럼 말이다.
그때 비로소 의지는 신념을 현실로 바꾸어낸다.
결심이나 고귀한 감정을 행동으로 옮기지 않고 흘려보내면,
단순히 기회를 놓치는 데서 그치지 않는다.
그것은 오히려 목표의 실현을 늦추고,
마음의 열정마저 차갑게 식혀버린다.
우리는 추상적인 것, 막연한 것에는 용기를 쉽게 내지만,
정작 구체적인 행동 앞에서는 용기가 부족하다.
지금껏 일상의 작은 용기들을 살리지 않고 흘려보내 버린
탓이다.

헬렌 켈러

새해 결심 같은 어떤 계기를 통해 살려낸 좋은 감정을
바로 행동으로 옮기지 않고 차일피일 미루다 사라지게 놔두면,
단지 기회만 잃는 것이 아니다.
목표를 이루려는 힘이 약해지고,

어렵게 되살린 열정마저 차갑게 식어버린다.
우리는 '언젠가 큰일을 해내겠다' 같은
추상적이고 두루뭉술한 용기로만 가득할 뿐,
'지금 당장 이메일을 보내겠다' 같은
구체적인 용기는 부족하다.
이런 결과는 '일상의 작은 용기들'을 행동으로 옮기지 않고
매번 허공에 날려버린 나쁜 습관의 결과라고,
헬렌 켈러는 말한다.

오늘, 그녀의 마지막 문장이 나의 뼈를 때린다.
"지금껏 일상의 작은 용기들을 살리지 않고 흘려보내 버린
탓이다."
5년 후, 10년 후의 목표는 결국
지금 이 순간의 작은 용기, 작은 실행이 결정한다.

천 번의 거절과 패배에도

아마도 인격을 이루는 요소 가운데
굳은 결심만큼 중요한 것은 없을 것이다.
훗날 위대한 인물이 되려 하거나,
인생에서 의미 있는 발자취를 남기려는 소년이라면,
천 가지 장애물을 극복하는 것을 넘어,
천 번의 거절과 패배에도 굴하지 않고
끝내 승리하겠다는 마음을 가져야 한다.

시어도어 루스벨트

이 문장을 읽으면서 "천 가지 장애물을 극복하는 것을 넘어",
특히 '넘어'라는 단어에서 순간 멈췄다.
우리는 흔히 성공을 가로막는 가장 큰 적은 '장애물'이라고
생각한다.
하지만 루스벨트는 '거절과 패배'가 더 큰 적이라고 말한다.
장애물은 극복의 의지를 불러내지만,
패배는 그 의지 자체를 꺾어버리기 때문 아닐까.
생각해보면, 인생의 성공은 한두 번의 승리로 결정되는 게
아니다.
수많은 거절과 패배에도 다시 일어나 끝내 이겨내겠다는,

36

그 꺾이지 않는 의지를 끊임없이 증명해가는 과정이 인생이다.
굳은 결심이란, 좌절을 겪는다 하더라도
다시 일어설 마음을 미리 준비하는 힘이다.
스스로 성공한 인생이라고 부르고 싶다면,
천 번을 넘어져도
다시 일어서겠다는 마음가짐을 가져야 한다.
문장 속 '소년'은 어린 나이가 아니라,
끝까지 다시 일어서려는 사람,
아직도 성장을 꿈꾸는 이들 전체를 뜻하지 않을까.

그런 의미에서 이 문장을 마음에 새긴다.
"천 번의 거절과 패배에도 결코 굴하지 않겠다!"
그 마음이야말로 우리가 가져야 할 인격의 핵심이다.

어른의 조건

만약

만약 네가,
주위의 모든 이가 제정신을 잃고 너를 탓할 때도
홀로 차분히 마음을 지킬 수 있다면,
모든 사람이 너를 의심할 때도 자신을 믿되,
그들의 의심 또한 품을 수 있다면,
기다림에 지치지 않고 기다릴 줄 알고,
거짓말을 들어도 거짓으로 맞서지 않으며,
미움을 받아도 미움으로 되갚지 않고,
그렇다고 지나치게 의로워 보이지도, 현명한 척하지도 않을
수 있다면

꿈을 꾸되, 그 꿈의 노예가 되지 않고,
생각하되, 그 생각에만 매몰되지 않으며,
성공과 실패를 맞이하되,
그 두 속임수를 똑같이 대할 수 있다면,
네가 말하는 진실을 비열한 자들이 비틀어
어리석은 자들을 속이는 덫이 되어도 견딜 수 있으며,
네가 평생을 바쳐 세운 것이 무너지는 걸 지켜보고도
허리를 굽혀 낡은 도구들로 다시 세워 올릴 수 있다면

네가 쌓아온 모든 것을 한데 모아
단 한 번의 내기에 걸 수 있고,
모두 잃어도 처음으로 돌아가 다시 시작할 수 있으며
그 잃음에 대해 한마디 불평조차 하지 않는다면,
심장과 신경과 근육이 다 닳아 없어지더라도
그것들을 채찍질하며
"견뎌라!"라고 외치는 의지만으로 버텨낼 수 있다면

군중과 함께 이야기해도 덕을 잃지 않고,
왕들과 걸어도 서민의 마음을 잃지 않으며,
원수도, 사랑하는 친구도 너를 상처 입힐 수 없다면,
모든 이를 소중히 대하되, 그 누구에게도 휘둘리지 않을 수
있다면,
다시는 되돌아오지 않는 1분이라는 시간을,
그 60초를, 전력으로 달리며 채울 수 있다면,

이 세상과 그 안의 모든 것은 네 것이 되리라.
그리고, 그보다 더 큰 일,
너는 진정한 어른이 되리라, 아들아!

조지프 러디어드 키플링

시인은 어른의 조건이 무엇인지 '아들'에게 들려준다.
모두가 나를 의심하고 비난할 때도 흔들리지 않고 자신을
신뢰하라.
그러나 절대 독선에 빠지지 말고 타인의 의심까지도 품어라.
꿈과 생각은 정말 중요하지만,
꿈이 망상이 되지 않게, 생각이 공상이 되지 않게 늘 현실적
인 감각으로 점검하라.
성공이든 실패든 오래 붙잡아둘 가치가 없다.
그 둘은 진실이 아니라 순간의 환영이기 때문이다.
그러니 그 어떤 결과에도 감정적으로 휘둘리지 말고 평정심
을 유지하라.
신체적 한계를 넘어설 때, 몸의 모든 힘이 빠져나가고
오직 "버텨!"라고 외치는 의지만이 남았을 때도, 그 순간을
견뎌내라.
시간은 용서가 없다. 한 번 지나가면 절대 되돌아오지 않는다.
그러니 주어진 그 시간에 늘 진심을 다하라.
그때 너는 비로소 이 세상의 주인이 되고
어른의 자격을 갖추게 된다.

오늘은 이 시를 틈날 때마다 읽고 또 읽어보자.
그렇게 우리도 어른이 되어가자.

"거봐, 별것 아니잖아!"

지금 뭔가에 두려움을 느낀다면, 잠시 멈춰 서라.

그리고 다른 사람들도 이 같은 일을 다 겪었다는 사실을 깨달아라.

아마, 지금 이 순간에도 뭔가에 두려움을 느끼고 있을 것이다.

누군가가 나에 대해 뭐라고 말할까, 상사는 어떻게 나올까,

이웃이 나를 어떻게 생각할까, 하는 두려움.

그런데 생각해보라.

'말할까, 나올까, 생각할까' 이 말들은 모두 미래 시점이다.

우리는 결코 과거를 두려워하지 않는다.

이미 무슨 일이 있었는지 알고 있고,

돌이켜보면 대체로 그리 나쁘지 않았음을 알기 때문이다.

그런데 미래를 대할 때는 어떤가!

다행이다, 두려움과 싸우는 간단한 방법이 있으니 말이다.

먼저 분석해보라. 두려움의 정체가 뭔지. 그 순간 두려움은 줄어들 것이다.

최악의 경우를 알게 되면,

그것이 상상했던 것보다 끔찍하지 않다는 것도 깨닫게 된다.

그러면 스스로 이렇게 말하고 있을 것이다.

"별것 아니네, 이 정도는 나도 감당할 수 있어."

데일 카네기

이 글을 읽으며 다시 한 번 두려움의 본질을 생각해본다.

지난날을 돌아보면, 대개 그랬던 것 같다. 막연할수록 두려웠다.

그렇기에 차분히 그 정체를 분석해야 한다는 조언은 정말 중요하다.

분석 결과는 대체로 생각보다 감당할 만하기 때문이다.

그래서 다른 많은 이들도 두려움을 잘 이겨냈던 것이다.

그들이 나와 달리 특별히 더 용감해서도, 더 똑똑해서도, 더 영웅적이어서도 아니다.

두려움은 모호하고 막연할 때 괴물이 된다.

오늘 하루만큼은 기억해야겠다.

구체적으로, 현실적으로 직면하면,

도망치는 쪽은 언제나 두려움이지, 우리가 아니라는 걸.

※ 덧붙이는 문장: 미셸 드 몽테뉴는 이렇게 말했다. "고통을 겪게 될까 두려워하는 사람은, 이미 그 두려움 때문에 고통받고 있다."

"그래, 그냥 웃으라고 해!"

결국, 우스꽝스러운 것은 단 한 가지뿐이다.
우스꽝스러워질까 봐 두려워하는 마음.

앙리 포코니에

우스꽝스러움? 기껏해야 이게 최악의 결과 아닌가?
그렇다면, "그까짓 것, 좀 우스꽝스러우면 어떤가!" 이렇게
생각하면 되는 것 아닌가.
결국 실패나 실수는 문제가 아니다.
오히려 실패할까 봐, 혹은 우스꽝스러워질까 봐
시도조차 하지 않는 그 소심함이 진짜 문제다.
타인의 시선을 지나치게 의식하는 순간, 우리의 행동 반경은
급격히 좁아진다.
그러니 법과 양심의 테두리를 벗어나지 않는다면,
더 자유로워져도 된다.
우스꽝스러움? 그 정도 리스크 때문에 성장을 포기한다면
그건 '10년 후의 나'에게 예의가 아닐 것이다!
그러니 오늘 하루는 낯을 좀 더 두껍게 해보자.

"우스꽝스럽다고? 그래, 그냥 웃으라고 해!"

어느 무명씨의 지혜

돈을 잃은 자는 조금 잃은 것이요,
건강을 잃은 자는 많이 잃은 것이나,
용기를 잃은 자는 모든 것을 잃은 것이다.

무명씨

무명씨, 즉 작가 미상.
누가 남긴 말인지 알 수 없다는 것은,
어쩌면 이 문장이 흐르는 세월 속에서
다듬어지고 또 다듬어져
지금의 형태가 되었을지도 모른다는 뜻 아닐까.
그래서일까. 덧붙일 것도, 뺄 것도, 다듬을 것도 없어 보인다.
반박의 여지도 없다.
그저 동의하느냐, 마느냐의 문제일 뿐,
다른 무슨 말이 필요할까?
그렇다. 어떤 순간에도 용기를 잃지 않는 것,
그것이야말로 내 인생을 지키는 길이다.

오늘 하루 이 문장을 붙잡는다.
"용기를 잃은 자는 모든 것을 잃은 것이다."

지옥 밥상

포기하는 사람

광야에서 길을 잃고, 어린아이처럼 겁에 질리고,
죽음이 정면에서 노려보고,
온몸이 곪은 듯 아플 때,
일반적인 흐름이라면 리볼버를 장전하고, 끝을 내겠지.
그러나 사나이의 세계는 이렇게 외친다.
"할 수 있는 데까지 싸워라.
스스로 무너지는 건 절대 용납할 수 없다!"
굶주림과 고통 속에서, 인생을 날려버리는 건? 쉽다.
그러나 아침 끼니마다 지옥을 먹어야 하는 건? 어렵다.
인생이라는 이 빌어먹을 게임에 지쳤다고? "정말 유감이군!"
넌 젊고, 용감하고, 빛나는 존재인데 말이야.
"그래, 넌 억울한 일을 당했어! 나도 알아." 하지만 징징대지 마.
힘을 내. 이를 악물고 네가 할 수 있는 모든 걸 다 해봐, 싸워.
끈질기게 버티는 자가 결국 그날의 승리를 잡는다.
그러니 겁쟁이가 되지 마라, 옛 친구여!
네 안의 투지를 끄집어내라. 포기는 너무나 쉬운 일.
그러나 고개를 빳빳이 들고 버티는 건, 그게 어려운 일이다.
"졌다" 하고 주저앉아 죽는 건 쉽다.
겁에 질려 꽁무니를 빼는 것도 쉽다.

그러나 희망이 안 보일 때도 싸우고 또 싸우는 것,
그것이야말로 인생 최고의 게임이다!
매번 지독한 싸움 끝에
부서지고, 얻어맞고, 상처투성이가 되더라도,
딱 한 번만 더 시도하라. 죽는 건 언제나 너무 쉽다.
그러나 살아남아 계속해 나아가는 것, 그게 어렵다.

로버트 W. 서비스

인생 극한의 순간,
광야에서 길을 잃고, 죽음이 눈앞에 있고, 몸과 마음이 모두
부서진 상황에서,
'총을 장전하고 끝내버리는 것'은 통념상 일반적인 선택처럼
보인다.
그러나 시인이 말하는 '사나이의 세계'는 정반대다.
진짜 용기는 단 한 번의 극단적인 결단이 아니라,
아침마다 밥상에 '지옥이 차려지는' 일상을 버텨내는
그 끈질김에 있다.
억울함? 세상살이에 없을 수 없다, 인정한다.
하지만 시인은 말한다. 인정은 하되, 징징대지는 말라고.

오히려 우리가 가진 마지막 한 방울의 힘까지 짜내어
끝까지 버티고 또 버티는 것이 그날의 승리를 만든다고.
포기는 너무 쉽다. 도망치는 것도 쉽다.
그러나 희망이 보이지 않는 어둠 속에서도
고개를 치켜들고, 싸우고 또 싸우는 것,
그것이야말로 인생 최고의 게임이자 진짜 승리다.
아무리 얻어맞고 부서져도, 딱 한 번만 더 시도하라고 시인은
말한다.
죽는 건 언제나 너무 쉽다.
하지만 살아남아 계속해 나아가는 것, 그게 진짜 어려움이다.

분명 우리를 거칠게 몰아세우는 시다. 하지만…… 결코 눈을
뗄 수 없다.
아마도, 시인의 말에 공감했기 때문 아닐까.

※ 참고로, 이 시는 로버트 W. 서비스가 1912년에 발표한 〈포기하는 사람
   The Quitter〉이다. 포기할 때마다 다시 일어서라며 거칠게 등을 떠미는
   '근성의 시'로 알려져 있다고 한다. 미국의 골드러시 시기에 혹독한 삶
   을 견뎌내던 광부들과 개척자들의 정신을 대변했으며, 지금도 '포기란
   너무 쉽다, 계속 살아내는 것이 진짜 승리다'라는 메시지로 많은 이들
   에게 영감을 주고 있다.

아직 날개를 펴지 못한 신

집을 나설 때는 턱을 끌어당기고 머리를 꼿꼿이 세워라.
가슴 깊이 공기를 들이마시고, 햇살을 즐겨라.
친구들에게는 미소로 인사하고, 악수에는 영혼을 담아라.
오해받는 것을 두려워하지 말고,
적을 생각하는 데는 단 1분도 허비하지 마라.
마음속에 하고 싶은 일을 확고히 새겨라.
그러면 방향을 잃지 않고 곧장 목표를 향해 나아가게 될 것이다.
네가 하고 싶은 위대하고 찬란한 일들에 온 마음을 집중하라.
그러면 산호충이 흐르는 조류에서 필요한 양분을 취하듯,
세월이 흐르는 동안 어느새 기회를 움켜쥐고 있는 자신을 발견하게 될 것이다.
머릿속에 네가 되고자 하는 유능하고 성실하며 도움이 되는 사람의 모습을 그려라.
그러면 그 생각이 순간순간 너를 바로 그 모습으로 바꿔갈 것이다.
생각은 모든 것 위에 있다.
용기와 솔직함, 쾌활함으로 올바른 마음가짐을 지켜라.
올바른 생각이 곧 창조다.
모든 것은 간절한 소망으로 이루어지고, 모든 진실한 기도는 응답받는다.

우리는 마음이 향하는 대로 변한다.
턱을 끌어당기고 머리를 꼿꼿이 세워라.
우리는 아직 고치 속의 신神, 곧 날개를 펴지 못한 신이다.

엘버트 허버드

태도가 곧 사람을 만든다.
바른 자세, 밝은 웃음, 굳은 결심 같은 작은 태도들이 결국
큰 변화를 만든다.
마음속에 선명한 목표를 품으면, 세월 속에서 기회는 자연스
럽게 찾아온다.
그리고 그 목표에 맞는 사람으로 스스로 변해간다.
결국 바른 생각이 창조.
긍정적인 마음가짐과 용기는 삶을 빛나게 하고,
진심 어린 기도와 간절한 소망은 삶을 움직이는 힘이 된다.
아직은 미완성이지만,
우리는 모두 위대한 가능성을 품고 있는 존재다,
아직 날개를 펴지 못한 신처럼 말이다.

오늘 하루는 이 두 문장을 잊지 않으려 한다.

"턱을 끌어당기고 머리를 꼿꼿이 세워라.

우리는 아직 고치 속의 신神, 곧 날개를 펴지 못한 신이다."

우리가 당당히 걸을 수 있는 이유,

우리 한 명 한 명이 얼마나 고귀한 존재인지를 꼭 기억하자.

진부한 명언, 뒤늦은 인정

불가능이란, 바보들의 사전에만 있는 단어다.

나폴레옹 보나파르트

나폴레옹의, 이제는 진부함이 느껴지는 명언이다.
어린 시절 수많은 명언집에서 봤던 그 문장.
그때는 이 말이 왜 그렇게 대단하게 취급되는지 이해하지 못했다.
어떤 이들에게는 유치한 말장난처럼 느껴졌을지도 모른다.
그러다 어느 순간, 이 문장을 붙잡아 곰곰이 생각하게 된다.
나폴레옹은 왜 이런 말을 했을까.
불가능을 입에 담는 것은
"나는 더 이상 노력하지 않겠다"고 선언하는 것과 같다.
반면 무언가를 해내는 사람들,
인생에서 통찰을 얻은 이들의 사전에는
'불가능'이라는 단어가 없다.
그들의 사전에는 단지 '아직 해보지 않은 것',
'더 많은 노력이 필요한 것'만 있을 뿐이다.
우리가 사용하는 언어는 생각의 재료이며, 생각은 행동의 한계를 결정한다.

'불가능'이라고 말하는 순간,

우리는 스스로에게 "여기까지!"라고 선을 그어버린다.

목표가 아무리 크고 무모해 보여도 '불가능' 대신

"가능하게 하려면 어떻게 해야 할까?"

"가능할 때까지 시도하겠다!"

이런 해결의 언어, 결심의 언어를 선택해야 한다.

그리고 또 하나의 질문이 나온다.

불가능한 게 뻔해 보이는데, 왜 노력해야 하냐고.

하지만 목표는 성취 여부의 문제만이 아니라, 방향의 문제이기도 하다.

인생의, 사업의 '북극성' 말이다.

길을 잃지 않도록 우리를 붙잡아주는 것,

어쩌면 이것이 목표의 더 큰 역할일지 모른다.

20여 년의 직장생활 끝에, 뒤늦게 인정하게 된 생각이다.

(물론 실행 여부는 또 다른 문제지만……)

천재성마저 미로 속에서 헤매게 하는 것

목표에 대한 확고함은
인격을 지탱하는 데 가장 필요한 힘줄이자,
성공을 위한 최고의 도구다.
그것이 없다면, 천재성도 일관성 없는 미로 속에서
그 모든 노력을 낭비하게 된다.

체스터필드

목표가 자주 흔들리는 사람에게는 재능도, 노력도
별 의미가 없다.
힘줄이 약하면 몸이 힘을 쓰지 못하듯,
목표가 흐릿하면 아무리 많은 노력을 쏟아부어도
그 힘이 모이지 않는다.
그래서 성과가 없다.
생각해보면 인생은 '잘 못해서 실패하는 경우'보다
'방향을 잃어서 실패하는 경우'가 훨씬 많다.
직장생활을 하다 보면, 조직의 현실을 견디지 못하는 천재들
을 보게 된다.
얼핏 그들은 재능이 많아서 선택지도 많을 것 같지만,
어느 한 길에 천착하지 못하고,

오늘은 이 길, 내일은 저 길을 기웃거린다.
생각은 넘치는데 변화는 일어나지 않는 삶이 되기 쉽다.
그 어떤 천재성도 결국에는
'집중된 시간' 속에서만 그 빛을 발할 수 있다.
목표가 선명해질수록, 마음속 잡음이 사라지고 한 방향으로
힘이 모인다.
그때 비로소 재능도 효율을 얻고, 노력도 의미를 갖는다.
그래서 문장은 말한다. 재능의 크기보다
'붙잡을 목표를 분명히 하는 것'이 훨씬 더 중요하다고.

자문해본다.
"나의 모든 노력은 지금 한 방향을 향하고 있는가? 힘이 모이
고 있는가?"
목표의 확고함, 그 힘줄의 튼튼함이 인생 전체를 지탱한다.

인생, 어쩌면

우리는 눈앞의 세상만 볼 수 있지만, 어쩌면
이 세상을 에워싼 더 큰 세계가 있을지도 모른다.
그 세계의 존재를 믿는 것이야말로
이 세상에서 우리가 수행해야 할 가장 중요한 임무일 수 있다.
'과학적'인 삶조차
'어쩌면'이라는 불확실한 가능성과 깊이 연결되어 있고,
인간의 삶 전체도 바로 그 '어쩌면' 위에 세워져 있다.
'어쩌면'이라는 가능성이 없다면
승리도, 성실함도, 용기 있는 행동도 있을 수 없다.
봉사, 너그러움, 과학적 탐구, 심지어 교과서조차
실수의 가능성을 안고 있다.
그렇게 우리는 매 순간
자신을 위험에 내맡기며 살아간다.
그리고 때로는, 확신할 수 없는 결과에 대한 믿음만이
그 결과를 현실로 만드는 유일한 힘이 된다.

윌리엄 제임스

윌리엄 제임스는, 우리가 살아가는 현실은 언뜻 보기엔
확실성 위에 세워진 것처럼 보이지만,

실은, 수많은 '어쩌면(maybe)'의 층 위에 서 있다고 말한다.
우리는 늘 예측하고, 분석하고, 계획하려 한다.
그러나 인생의 성취 대부분은 '확실성'이 아니라 '가능성'에
기대어 시작된다.
아직 보이지 않는 세계를 향해 작은 걸음을 내딛는 그 순간,
비로소 삶은 방향을 알게 된다.
승리는 '될까, 안 될까'를 견디는 용기에서 나온다.
성실함도 결국 이렇게 사는 것이 더 의미 있을 것이라는,
미래의 가능성에 대한 베팅이다.
그리고 누군가에게 베푸는 작은 친절조차
"나의 친절이 아마 그를 좀더 좋게 만들 거야"라는 작은 기대
위에서 이루어진다.
문장의 이야기처럼, 우리는 하루하루 위험 속에서 살고 있다.
실수가 있을 수 있고, 결과가 잘못될 수 있고,
정답이라고 믿었던 것이 뒤집힐 수도 있다.
그럼에도 삶이 계속 굴러가는 이유는 단 하나,
확실하지 않은 결과를 먼저 믿는 힘 때문이다.
그 믿음이야말로 인간이 가진 가장 창조적인 능력 아닐까.

"때로는 확신할 수 없는 결과에 대한 믿음만이
그 결과를 현실로 만드는 유일한 힘이 된다."

3.   어떤 날들은 ███ 어둡고 ██████

           우울할 수밖에 ██████ 없다

재능이 빛나려면

수많은 재능이 작은 용기가 부족해 낭비되고 있다.
소심함 때문에 첫 시도조차 하지 못했던 무명의 인재들이
매일 같이 무덤으로 사라진다.
이들이 시작할 용기만 가졌더라면, 아마도 큰 성취를 이루고
큰 명성도 얻었을 것이다.
가치 있는 일을 하고 싶다면
추위와 위험이 두려워 겁에 질린 채 물러서서는 안 된다.
뛰어들어 할 수 있는 만큼 앞으로 나아가야 한다.
끊임없이 위험을 따지고
적절한 기회가 오기만을 기다리다가는,
결코 그 일을 해낼 수 없다.
노아의 홍수 이전처럼 인간의 수명이 수백 년에 달해
시간에 여유가 있다면,
한 사람이 책을 내겠다고 150년 동안 친구들과 의논하고도
살아서 그 성과를 확인할 수 있을 것이다.
하지만 지금 같은 세상에서 일을 시작할지 말지 망설이거나
친척이나 친구와 이런저런 의논만 하고 있다가는
어느샌가 나이 육십이 되어, 아무 성과도 얻지 못하고
심지어 그들의 충고조차 따를 시간도 없게 될 것이다.

시드니 스미스

58

"수많은 재능이 작은 용기가 부족해 낭비되고 있다."

이 문장을 읽을 때 마음이 씁쓸했다. 혹시 나에게도 그렇게 사라진 재능이 있었을까?

많은 사람이 능력이 없어서가 아니라,

'첫 시도'라는 문턱 하나를 넘지 못해 평생 빛을 보지 못하고 사라진다.

두려움, 망설임, 조심스러움 같은 것들이 우리의 재능을 미숙아로 만든다.

문장은 말한다. 가치 있는 일을 하고 싶다면,

추위와 위험이 두려워 집에만 머물러서는 안 된다고.

생각만으로는 따뜻해지지 않는다.

움직여야, 뛰어들어야 비로소 체온이 오른다.

문장은 우리에게 재미있는 이야기도 들려준다.

노아의 홍수 이전처럼 인간 수명이 수백 년이라면,

한 사람이 "책이나 써볼까?" 하고 150년 동안 친구와 의논해도 살아서 그 출간을 지켜볼 수 있다.

하지만 지금의 시대에는 그럴 여유가 없다.

망설이며 주변 의견만 묻다 보면 어느새 예순이 되어버리고,

그들의 충고를 따를 시간조차 없게 된다.

정말 그럴지 모른다. 우리에게 필요한 건

더 객관적인 확신이나 더 완벽한 준비가 아니라,

딱 한 번의 작은 용기, 그것일지 모른다.

하고 싶었던 일 중 계속 미루고 있는 게 있다면,
오늘, 그걸 위해 한 걸음 내디뎌보자.
그 한 걸음이 앞으로의 10년을 바꿀지, 누가 아는가.

"이게 다였어?"

의지를 굳게 다진 젊은이가
세상이라는 거대한 불량배에게 다가가
과감히 그의 수염을 움켜쥐면,
뜻밖에도 깜짝 놀라게 된다.
그 수염이 한 주먹 가득 뽑혀 나오기 때문이다.
사실은 겁 많은 모험가들을 위협하려고
일부러 붙여 놓은 가짜 수염이었던 것이다.

랠프 월도 에머슨

두려움 때문에 미루고, 피하고, 포기했던 수많은 순간들이
결국에는 '세상이라는 불량배'의 농간에 놀아난,
어처구니없는 결과였다.
막상 가까이 다가가 손을 대보면
그 거대해 보였던 위협은 실제보다 훨씬 작고 별것 아닌 경우
가 많다.
세상이라는 불량배는 실제로는 강적이 아니었다!
돌이켜보면 인생의 많은 장애물이 그랬다.
도전하기 전에는 거대해 보이고,
시작하기 전에는 도저히 넘을 수 없을 것 같다.

그러나 막상 손을 내밀면, 한 발만 더 내디디면
우리가 그동안 마음속에서 키워 놓았던 두려움이 먼저 도망
친다.
이 문장은 결국 하나의 진실을 가리킨다.
"두려움은 현실이 아니라 상상 속에서 자란다."
실제 세상은 우리가 붙잡고 흔드는 순간 그 정체를 드러낸다.
오늘 우리가 마주한 '불량배'가 무엇이든, 그 수염을 한번 잡
아 당겨보자.
그게 진짜인지,
아니면 우리를 겁주기 위해 붙여놓은 가짜인지.
이를 확인하는 데는 생각보다 큰 용기가 필요 없을지 모른다.

그리고 그 순간, 우리는 깨닫게 된다.
"아, 이게 다였어?"

영감을 얻는 비밀

영감을 얻는 비밀은 이것이다.
스스로에게 말하라.
"수천, 수만의 사람들이,
특별히 나보다 더 똑똑하지도 않았던 사람들이,
지금 내가 답을 찾지 못해 막막해하는
이 문제만큼이나 어려운 것들을 이미 해결해왔다."

윌리엄 페더

어려운 문제 앞에서 우리가 종종 빠지는 착각을,
단 한방에 깨뜨리는 문장이다.
문제가 어려운 게 아니다.
'이건 내가 풀 수 없는 문제야!' 그 포기하는 마음이
문제를 더 어렵게 만든다.
그러나 시야를 확 넓혀 보면,
이 세상에는 우리가 겪는 어려움과 비슷한 난관을 넘어선 사람들이, 이미 수없이 많다.
그들이 특별히 더 똑똑해서가 아니다.
포기하지 않고, 그저 한 걸음씩 꾸준히 밀고 나갔기 때문이다.
이 사실을 떠올리는 순간,

문제의 난이도는 갑자기 현실적인 높이로 내려온다.
"다른 사람도 해냈다면, 나도 할 수 있다."
이 단순한 생각이야말로, 영감의 시작이다.
어쩌면 문제 자체보다 더 무서운 것은
'나만 뒤처진 것 같다'는 착각,
'나만 모른다'는 불안일지 모른다.

문장은 조용히 속삭인다.
"너도 할 수 있어.
실제로 해낸 사람들? 너보다 특별하지 않았어."
영감은 멀리 있지 않다. "나도 할 수 있다"는,
지극히 현실적인 자신감이 바로 영감을 얻는 비밀이다.

두려움의 쓸모

때로는 일이 닥치기 전에 미리 불안과 공포를 느끼고,
실제로 일이 벌어졌을 때는 오히려 침착한 편이 훨씬 낫다.
사태가 일어나기 전에는 지나치게 침착하다가,
막상 일이 터지면 당황해 허둥대는 것보다 말이다.

윈스턴 처칠

처칠은 역시 현실 정치가다웠다.
두려움에 대해 다른 철학자들과는 또 다른 결의 문장을 들
려준다.
몽테뉴의 문장(42쪽 참고)처럼,
우리는 "고통을 두려워하는 사람은
그 두려움 때문에 먼저 고통받는다"는 진실을 알고 있다.
미래를 앞당겨 상상하며 스스로 괴롭히는 일,
아직 일어나지도 않은 사건을 마음속에서 수십 번 겪는 일.
이것이 바로 두려움이 만들어내는 '가짜 고통'이다.
그러나 처칠은 두려움의 또 다른 얼굴을 보여준다.
두려움이 무조건 나쁜 것은 아니라는 것.
두려움은 때때로 위험을 감지하는 직감의 경고이자,
우리에게 대비할 시간을 알려주는 알람이다.

중요한 건 두려움이 우리를 삼키도록 내버려두느냐,
아니면 두려움 덕분에 더 침착해지느냐의 차이다.
몽테뉴가 경계한 것은 '두려움에 사로잡히는 것'이었고,
처칠이 말하는 것은 '두려움을 경고로 활용하는 법'이다.
두려움이 앞서 달려와 불안을 만들 때,
그 불안에 휘둘리면 우리는 이미 고통을 겪고 있는 셈이다.
하지만 그 불안에서 '미리 준비해야 할 것'을 포착하면,
실제로 사건이 닥쳤을 때 침착하게 대응할 수 있다.
두려움은 이렇게 우리를 망칠 수도, 살릴 수도 있다.
오늘 하루, 만약 두려움이 나를 찾아온다면
비난하지도, 혹은 도망치지도 말자.
다만, 차분히 그 감정 안에 담긴 신호를 읽어보자.

두려움이 우리를 미리 괴롭히게 둘 것인가,
아니면 그 경고에 반응해 스스로 준비할 것인가는,
오직 우리의 선택에 달려 있다.

※ 덧붙이는 문장: 처칠은 이렇게도 말했다. "고칠 수 있는 문제라면 두
    려움은 행동을 촉구하는 신호다. 그러나 고칠 수 없는 문제라면, 두
    려움은 소용없다. 오직 용기로 맞설 뿐이다."

더 이상 버티기 힘들 때

막다른 상황에 몰리고 모든 일이 다 거꾸로 흘러가서,
단 1분도 더 버티기 힘들다고 느껴질 때가 있다.
바로 그 순간, 바로 그 자리가 포기하지 말아야 할 때다.
그때가 바로 흐름이 뒤바뀌는 순간이기 때문이다.

해리엇 비처 스토

모든 것이 엇나가고, 내가 할 수 있는 일이 더는 없어 보이고,
심지어 몸과 마음이 동시에
"이젠 정말 끝이다"라고 외치는 순간.
우리는 그때 그 순간을 실패가 확정되는 신호로, 오해한다.
하지만 문장은 말한다.
바로 그 마지막 1분, 한 걸음도 내딛기 어려운 그때가
오히려 흐름이 뒤바뀌는 순간이라고.
흐름이 바뀌는 순간은
우리가 포기의 유혹을 가장 강하게 받는 시간과 겹쳐 있다.
조금만 더 버티면 흐름이 바뀔 시점이,
조금만 더 파면 물줄기가 터질 지점이, 가장 고통스럽다.
가망 없어 보이는 그 순간에 불쑥 기회의 손을 내미는 게
인생이라고, 인생은 그런 거라고 문장은 말한다.

우리는 종종 "더 이상 버티는 건 의미가 없다"고 말하지만
사실 가장 큰 변화는 바로 그 버팀의 끝에서 일어난다.

오늘 이 문장을 붙잡는다.
"단 1분도 더 버티기 힘들다고 느껴질 때가 있다.
하지만 그때가 바로 흐름이 뒤바뀌는 순간이다."

비겁한 길을 택하지 않겠다

앞에 고난이 닥치면, 교묘히 물러서서
남을 앞세우고 싶은 유혹이 따르기 마련이다.
그러나 나는 그런 비겁한 길을 택하지 않겠다.
내가 옳다고 믿는 의무에 따라,
내 자리를 지키며 끝까지 나아갈 것이다.

윈스턴 처칠

"비겁해지지 않겠다! 내 자리의 무게를 짊어지겠다!"
제2차 세계대전의 한가운데서
국가의 운명을 짊어졌던 정치인의 말이기에,
이 문장은 도덕적 훈계를 넘어서는 무게감으로 다가온다.
이 문장 덕분에 마음을 단단히 세우는 첫 번째 조건이 무엇
인지 알게 됐다.
바로 인정이다.
누구나 유혹 앞에 서게 된다는 자기 고백 말이다.
위기 앞에서 뒤로 물러서고 싶은 마음, 책임을 다른 이에게
떠넘기고 싶은 마음.
생각해보면 이것은 비겁함이라기보다 생존 본능에 가깝다.
살아남고 싶고, 상처받기 싫고, 책임지고 싶지 않다.

안 그러면, 고통스러우니 말이다. 그래서 본능에 가까운 것 아닐까.

그러나 처칠의 문장은 단호했다.

본능을 따르지 않겠다! 의무를 따르겠다!

도망치고 싶은 마음이, 아니 그 본능이 강해질수록

더 강하게 자기 역할을 직시하는 것,

그게 '비겁하지 않은 삶'이었다.

누구나 고난 앞에서는 판단이 흔들린다.

"이번만은 피하자." "나 말고 다른 사람 없을까?" 이런 생각은 자연스럽다.

하지만 자연스러운 비겁함이라 하더라도 때론 반드시 이겨내야 할 때가 있다.

그 자연스러움이 핑계가 될 수 없는 순간은 누구에게나 온다.

그 유혹을 이겨낼 때 우리는 사람으로서,

내 삶의 주도권을 지켜낼 수 있다.

오늘 문장은 내게 이렇게 묻는 듯하다.

"지금 너는 어떤 자리에 서 있고, 그 자리를 지킬 준비가 되어 있는가?"

반드시 지켜야 할 의무를 지켜낼 때

나의 세계는, 평화롭다.

어떤 날들은 어둡고 우울할 수밖에 없다

잠잠하라, 슬픈 마음이여, 더는 한탄하지 마라.
구름 뒤에서는 태양이 빛나고 있으니.
네 운명은 모든 사람의 공통된 운명,
모든 삶에는 비가 내려야 하고
어떤 날들은 어둡고 우울할 수밖에 없다.

헨리 워즈워스 롱펠로

"구름 뒤에서는 태양이 빛나고 있으니."
이 식상한 표현 앞에서, 갑자기 이런 생각이 들었다.
'어쩌면 위로란, 새로운 지식이 아니라
미처 깨닫지 못했던 진실을
온몸으로 느낄 때 오는지도 모르겠다.'
시는 말한다.
슬픔은 나만의 운명이 아니라 모두의 운명이라고.
모든 인생에는 비가 내리고,
누구의 하루든 어둡고 우울한 순간이 섞여 있다고.
이 진실을 깨닫는 순간 마음이 가벼워진다.
내가 겪는 흐린 날이 부당한 벌이 아니라,
삶이라는 사계절의 자연스러운 일부임을 알게 된다.

그래서일까, 시는 '용기를 내라'고 재촉하지 않는다.
그 대신, 오늘 흐리다면, 오늘은 흐리구나, 하면 된다고,
기다리면, 구름 뒤의 태양이 제자리로 찾아오겠구나, 하면
된다고,
그렇게 말하는 듯하다.

지금 상황이 숨 막힐 듯 힘겹다면 이 문장을 붙잡아보자.
"잠잠하라, 슬픈 마음이여.
구름 뒤에서는 태양이 빛나고 있다."
비는 그칠 것이고, 어둠은 걷힐 것이다. 언제나 그랬듯이.

실수

수없이 많은 실수를 거치지 않고서는
결코 위대하거나 선한 사람이 될 수 없다!

윌리엄 글래드스턴

이 문장에서 내 눈을 강하게 잡아끈 단어는 '선하다'였다.
보통 실수를 말할 때는
성공, 성취, 실력 같은 것과 연결 짓지 않는가.
그러나 이 문장은 전혀 다른 영역, 인격의 성숙과 선함을 실
수와 연결하고 있다.
생각해본다.
실수는 단지 잘못된 결과만 가져오는 게 아니었다.
우리를 부드럽게 만들고, 겸손하게 하고,
타인의 약함을 이해하는,
사람다운 마음도 길러낼 수 있었다.
실수 없는 사람은 완벽해 보일지 모르나,
타인의 실수에 관대할 수 있는 마음의 힘은 약하다.
반대로 실수를 여러 번 거친 사람은,
타인의 실수에 쉽게 돌을 던지지 않는다.
여기에 실수의 또 다른 쓸모가 있었다.

실수는 능력을 키우는 동시에,
인격도 갈고닦는 강력한 도구다.
실수는 방향을 수정하게 하고, 오만을 깎아내며, 마음의 그
릇을 키운다.
성공은 우리를 강하게 만들지 몰라도, 실수는 우리를 깊게
만든다.
실수는 우리를 더 좋은 사람이 되게 한다.

오늘 이 문장을 붙잡는다.
"실수했는가? 더 깊은 사람이 되어가는 중이다."

위대한 전환의 조건

세계사의 위대한 전환점은
언제나 열정이 승리를 거둔 순간이었다.

랠프 월도 에머슨

위대한 사건은 우연이나 계획만으로 일어나지 않는다.
언제나 그 중심에는 자신의 모든 것을 내던진 사람의
열정이 있었다.
인류의 역사뿐 아니라 우리의 개인사도 이와 같지 않을까.
'말'로만 꿈꿀 때는 아무 일도 일어나지 않는다.
그러다 어느 날, 마음속에서 뜨거운 감정이 일어나
'이건 내가 반드시 해야 하는 일이다'라고 결심하는 순간,
그때부터 흐름이 일어나기 시작한다.
대담함, 집중력, 실행력이 한 방향으로 모여
상상조차 하지 못했던 변화를 만들어낸다.
문장이 '열정이 승리한다'고 말한 이유도 아마 이것 아닐까.
열정은 단순한 감정이 아니다.
사람을 일으키고, 버티게 하고,
포기하지 않게 만드는 동력이다.
지성은 방향을 잡아주지만,

결국 그 방향으로 밀고 나가는 힘은
언제나 열정에서 나온다.
돌이켜보면, 우리의 인생에서도 전환점은 늘 같았다.
두려움보다 하고 싶은 마음이 더 컸던 순간,
차가운 논리보다 뜨거운 가슴이 앞섰던 순간,
"안 하면 평생 후회할 것 같다" 이 열정이
몸을 움직였던 순간.
그때 우리는 이전의 '나'를 넘어섰고,
새로운 세계가 열렸다.

"위대한 전환점은 언제나 열정이 승리를 거둔 순간이었다."
내 삶의 다음 전환점은,
그동안 잊고 지냈던 '열정의 불씨'를 다시 붙잡을 때 시작될
지 모른다.

※ 덧붙이는 문장: 미국 제28대 대통령이었던 우드로 윌슨도 이렇게 말
    했다. "열정 없이는 어떤 진보도 불가능하다."

오래 살수록 확신하게 되는 것

오래 살수록 더 확신하게 된다.
열정이야말로 모든 자질 가운데 가장 중요한 덕목이다.
사실, 성공하는 사람과 실패하는 사람 사이에
기술, 능력, 지능의 차이는 그리 크지 않다.
능력도, 지성도, 체력도 조건이 다 같다면,
열정을 가진 사람이 반드시 앞선다.
그리고 종종, 열정 하나로 무장한 평범한 사람이
능력은 뛰어나지만 열정 없는 인재를 앞지르곤 한다.

프레더릭 윌리엄슨

살다 보면 가끔 이런 장면을 보게 된다.
능력은 뛰어난데 정작 큰 성취를 이루지 못하는 사람,
반면 특별한 재능이 없는데도 끝내 성과를 만드는 사람.
이 문장은 그 차이를 한 단어로 정리한다. 열정.
능력이 출발선의 차이를 만든다면,
열정은 속도와 지속력을 결정한다.
똑같은 조건에서 출발하면
결국 더 오래 밀고 나가는 사람이 이기기 마련이다.
그리고 그 끈질김을 만들어내는 건 기술도, 지성도 아닌

'하고 싶다'는 마음의 열정이다.
심지어 문장은 이렇게도 말한다.
때로는 평범한 사람이 열정 하나로
뛰어난 인재를 앞지른다고.
열정은 사람을 계속 움직이게 만든다.
벽 앞에서 멈추지 않고, 실패해도 다시 일어서게 하고,
능력의 부족을 극복하기 위해 배우고 또 배우게 만든다.
이런 축적의 시간은 결국 능력의 격차마저 뒤집어버린다.

"오래 살수록 더 확신하게 된다. 열정이 가장 중요하다."
오늘 하루는, 열정이 뜨거운 사람인 것'처럼' 한번 살아보자.

※ 덧붙이는 문장: 데일 카네기는 이렇게 말했다. "우리는 행복한 것처럼
   행동하면 정말로 행복한 느낌이 찾아온다는 사실을 결국 깨닫게 된
   다. 열정도 마찬가지. 일할 때나 발표할 때 의식적으로 활기 넘치는
   것처럼 행동하면, 그 '처럼'이 진짜 감정을 불러일으켜 우리가 바라던
   상태에 도달하게 된다."

사랑했으므로 괜찮다

사랑을 이루는 것은 최고의 행복이다.
그러나 이루지 못한다 해도,
사랑했으므로 그다음으로 좋은 일이다.

윌리엄 메이크피스 새커리

이 문장을 보다가 이런 질문이 떠올랐다.
그렇다면, 이루지 못한 사랑 때문에 분노하고,
원망하고, 자존심이 무너지는 감정은 무엇일까?
진정한 사랑이었다면, 이루지 못한 슬픔은
마음을 겸손하게 하고, 자신을 성찰하게 하며, 상대의 행복
을 빌어줄 여유를 남긴다.
하지만 '사랑'의 가면을 쓴 집착과 소유욕이었다면,
거절이라는 현실 앞에서 분노가 폭발한다. 그 분노는
사랑이 아니라, 내 욕망과 자존심, 통제욕이 다친 데서 오는
이기심이다.
스토킹 범죄와 연애 폭력 사건은 그 끝단에 있다.
사랑이 좌절되어서가 아니라,
"내 것이 되어야 했다"는 소유욕이 만든 폭력이다.
돌아보면 그렇다.

사랑은 '성취'의 문제가 아니라 '경험'의 문제였다.
이뤘든, 이루지 못했든,
사랑했다는 사실은 우리 안에 선한 흔적을 남기고,
마음을 넓히고, 타인을 이해하는 힘을 키운다.
그것은 어쩌면 이뤄진 사랑만큼 값진 선물일지 모른다.

오늘은 이 진실을 기억해보자.
사랑했던 그 모든 순간들이 지금의 우리를 좀 더 인간답게
만들었다는 사실을.
그래서 이루지 못한 사랑이라도, 진짜 사랑이었다면,
그것은 여전히 '그다음으로 좋은 일'이다. 그 또한 축복이다.

4. ███ 사실을 █████ 알아라,
   사실을 껴안아라 █████

주름

이마에는 주름이 새겨질 수 있지만,
마음에는 새겨지지 않게 하라. 정신은 늙어서는 안 된다.

제임스 가필드

얼굴에 세월의 흔적이 하나둘 늘어나는 요즘, 이 문장이 더욱 와닿는다.
나이가 든다는 것은 자연의 섭리다.
거울 속 얼굴은 변하고, 체력도 예전 같지 않다.
하지만 문장은 이렇게 말한다.
늙어도 되는 것과, 늙어서는 안 되는 게 있다고.
주름은 얼굴에 새겨지는 것이지,
마음에 새겨지는 게 아니라고.
문제는, 세월의 요청에 따라 몸이 늙는 것이 아니라,
마음이 닫히고, 호기심이 줄고,
새로움에 대한 두려움이 커지는 것이다.
"더 이상은 안 된다." "이제 와서 뭘 배우겠다고."
"다 귀찮다, 이대로 살련다." "이 나이에 무슨……."
마음이 늙는다는 것은,
이런 말들이 자연스러워지는 순간 시작된다.

그래서 문장은 우리가 매일 다짐해야 하는
일종의 '마음 선언'처럼 느껴진다.
몸은 늙지만, 정신은 늙지 않게 하는 것.
변화를 두려워하지 않고, 새로운 것에 열려 있고,
감탄할 줄 알고, 사소한 것에도 기뻐하고,
누군가의 말에 여전히 귀 기울일 수 있는 마음.
그 마음이 남아 있는 한, 사람은 세월에도 늙지 않는다.

오늘 거울 앞에서 새로운 주름을 발견했다면,
그냥 이렇게 말해주면 어떨까.
"그래, 얼굴은 변하겠지. 하지만 마음은 아니야."
정신이 늙지 않도록 지키는 일,
나이 들수록 더 지혜로워지는 조건일 것이다.

대문호의 인생론

중요한 것은 큰 목표를 세우는 것이다.
그리고 그것을 이루기 위한 능력과 끈기를 갖추는 것이다.

요한 볼프강 폰 괴테

이 문장을 처음 읽었을 때 순간 의아했다.
표현만 보면 마치 경영학의 아버지 피터 드러커나,
현대 자기계발서 저자가 쓴 문장처럼 보이기 때문이다.
그러나 이 문장의 주인은 놀랍게도 대문호 괴테였다.
대문호가 '목표, 능력, 끈기'를 말했다는 게 흥미로웠다.
이 말은 인간의 성취 원리를 정확히 꿰뚫고 있다.
대문호는 '큰 목표'를 강조한다. 그가 말하는 큰 목표란 뭘까.
눈앞의 성취는 아닌 것 같다.
오히려 삶의 방향을 가르쳐주는 장기적 기준 아닐까.
단순한 바람이 아니라,
사람을 앞으로 밀고 가는 추동력 말이다.
하지만 목표만으로는 충분치 않다. 대문호는 말한다.
그 목표를 이루기 위한 능력과 끈기까지 갖춰야 한다고.
여기서 중요한 점은,
능력이 '타고나는 것'이 아니라는 사실이다.

목표가 명확하면, 사람은 능력을 스스로 키우게 된다.

무엇을 배워야 하는지, 어디에 시간을 써야 하는지가

자연스럽게 정리되기 때문이다.

그리고 마지막 요소인 끈기.

이는 능력보다 더 중요한 결정적 변수처럼 읽힌다.

아무리 큰 목표를 세워도,

아무리 뛰어난 능력을 갖추고 있어도,

끝까지 밀어붙이지 못하면 별 의미가 없다.

이 문장은 추상적으로 보이지만, 사실은 매우 현실적이다.

목표를 세우고, 그에 필요한 능력을 키우고, 끝까지 포기하지

않는 끈기를 가져라!

이 단순한 구조 속에 성취의 본질이 모두 들어 있다.

오늘 하루뿐 아니라 내 인생의 큰 그림을 바라보게 만드는

문장이다.

지금 내가 붙잡고 있는 목표는 정말 '큰 목표'인가?

그 목표를 위한 능력과 끈기를 키우는 데 나는 얼마나 헌신

하고 있는가?

대문호는 조용히 묻는 듯하다.

"그대의 목표는 그대를 이끌고 있는가?"

취미 붙잡기

취미 하나 없는 인생은 진정 즐겁지도, 안전하지도 않다.
물론 그 취미가 무엇이냐는 별로 중요하지 않다.
식물학이든 벌레나 나비든, 장미·튤립·붓꽃이든,
낚시든 등산이든 골동품이든, 무엇이든 괜찮다.
중요한 건 취미 하나를 붙잡아 마음껏 즐기는 것이다.

어떤 일에서든 성공으로 가는 첫걸음은 그 일에 흥미를 갖는 것이다.

윌리엄 오슬러

나는 호기심이 많은 편이 아니다. 새로 배우는 데 흥미도 없고,
무엇을 '즐긴다'는 감각도 그리 예민하지 않다.
그래서인지 이 문장은 내 마음을 콕 찌른다.
"흥미를 가져라." "취미를 붙잡아라."
말은 쉽지만, 나 같은 사람에게는 벽처럼 느껴지는 주문이다.
하지만 인정해야 할 것이 있다.
내 삶은 이 문장이 옳다는 것을 분명하게 증명하고 있다는
사실이다.
내가 흥미를 느꼈던 작은 일들,

단순한 호기심이든, 잠시 마음이 끌렸던 일이든,

그것에는 자연스럽게 노력도 하게 되었고, 시간이 가도 질리지 않았다.

반대로 흥미가 없는 일 앞에서는

아무리 좋은 목표가 있어도, 아무리 필요해도, 버틸 힘이 생기지 않았다.

이 두 문장은 한 가지를 말하고 있다.

"흥미는 삶을 움직이는 최소한의 연료다."

성공도, 성취도, 지속도 결국 이 작은 불씨에서 시작된다.

그리고 취미는 그 불씨를 지켜주는 바람막이다.

그래서 취미는 (법적, 도덕적 테두리 안이라면) 뭐든 괜찮다.

꽃이든, 벌레든, 낚시든, 산이든. 중요한 건

'내 심장이 쿵쿵 뛸 수 있는 무언가'를 붙잡는 것이다.

성공을 가능하게 하는 것도,

삶을 살아 있게 하는 것도,

지친 마음을 회복시키는 것도,

결국은 이 작은 관심의 불씨 아닐까.

"중요한 건 취미 하나를 붙잡아 마음껏 즐기는 것이다.

어떤 일에서든 성공으로 가는 첫걸음은 그 일에 흥미를 갖는 것이다."

거기에 못 닿을지도 모르지만

머나먼 저 햇살 속에 나의 가장 높은 이상이 있다.
나는 거기에 못 닿을지도 모른다.
그러나 고개 들어 그 아름다움을 바라보고, 그것을 믿으며,
그 이상이 이끄는 길을 따라가려 노력할 수는 있다.

루이자 메이 올컷

루이자 메이 올컷의 문장이다. 《작은 아씨들》의 작가.
가난한 집안을 돕기 위해
어린 시절부터 온갖 궂은 일을 버텨내야 했고,
평생 글쓰기를 놓을 수 없었던 사람.
그렇기에 이 문장의 '이상'은 결코 비현실적인 몽상가의 그
것이 아닐 것이다.
그녀에게 이상은,
어쩌면 삶을 이끌어주는 마지막 힘이었을지 모른다.
"머나먼 저 햇살 속에 나의 가장 높은 이상이 있다."
누구나 마음 깊은 곳에는 이런 이상이 있을 것이다.
손을 뻗어도 닿지 않고, 아무리 가도 멀게만 느껴지는 그것.
그래서 이상은 때로 잔인하게 느껴진다.
지금의 나와, 되고 싶은 나 사이의 간극을

가차 없이 드러내기 때문이다.

하지만 올컷은 말한다.

"닿지 못하더라도, 바라보고 믿고 따라가겠다."

그녀에게 이상은 도달점이 아니라 방향이었다.

이상이 그 빛을 잃지 않는 한, 현실의 무게에도 쓰러지지 않을 수 있었다.

가난한 집안, 간호병으로 몸소 겪었던 전쟁터의 참상,

그리고 병든 몸을 안고도 계속 글을 써야 했던 날들.

그 속에서 그녀가 '햇살 속 이상'을 말한 이유가 무엇인지,

우리는 짐작할 수 있다.

현실이 너무 어둡기 때문에, 오히려 저 멀리 빛나는 빛을 바라봐야 하지 않았을까.

어쩌면 높은 이상은 '이루기 위해서'가 아니라

'움직이기 위해서' 있는 것인지도 모르겠다.

도달하지 못해도 괜찮다. 그 빛을 향해 걷는 동안 우리는 조금씩 변하니까.

잠시 하늘을 보자, 내 삶의 '햇살 속 이상'이 어디 있는지.

그 이상을 믿고 나아가는 마음이

우리의 하루를 조금 더 밝게 만들어주지 않을까.

일단 몸을 움직여라!

아무것도 하지 않으면 의심과 두려움이 생기고
행동하면 자신감과 용기가 자란다.
두려움을 극복하고 싶다면 밖으로 나가 몸을 움직여라.
집 안에 가만히 앉아 그것만 곱씹지 말고.

데일 카네기

죽비 같은 문장이다.
두려움은 언제 가장 커질까?
아이러니하게도 그 일을 하지 않을 때다.
움직이지 않는 순간,
마음속에서는 모든 최악의 시나리오가 증폭되고,
실제로는 일어나지 않을 걱정이 점점 괴물로 변해간다.
반대로 행동하는 순간,
그 괴물이 실체 없는 그림자였다는 사실을 깨닫는다.
일단 몸이 움직이면 머릿속 잡음이 사라지고,
의심 대신 자신감이 생기고, 두려움 대신 용기가 돌아온다.
용기란 거창한 결심의 산물이 아니라,
행동하는 이에게 찾아오는 자연스러운 결과라는 사실을
문장은 우리에게 들려준다.

두려움은 생각 속에서 태어나고,
자신감은 행동 속에서 자라난다.
이 단순한 구조야말로, 어쩌면 가장 지혜로운 조언 아닐까.
우리는 "준비되면 시작하겠다"고 하지만,
현실은 늘 그 반대다.
시작해야 준비가 된다.
행동해야 자신감이 생기고, 움직여야 두려움이 약해진다.

문장은 결국 이렇게 말하는 듯하다.
"가만히 앉아서 떨고만 있지 말고, 일단 움직여라."
오늘은
두려움을 생각으로 해결하려는 시도를 내려놓고,
작은 행동 하나로 돌파구를 열어보자.
걷기, 정리하기, 전화 한 통 하기, 이메일 한 줄 쓰기.
무엇이든 괜찮으니 일단 한번 해보자.
두려움은
행동에 약하다는 문장의 조언을 한번 믿어보자.

스스로 설득된 자

자기도 안 믿는데 어떻게 다른 이를 믿게 할 수 있는가.
설득된 자만이 다른 이를 설득할 수 있다.

매튜 아널드

인생뿐만 아니라, 경영, 특히 마케팅 분야에도 울림을 주는
문장 아닐까.
살다 보면, 누군가를 설득해야 할 때가 온다.
특히 직장생활은 늘 설득의 연속이다.
가정에서 의견을 조율할 때도,
직장에서 회의를 하거나 프로젝트를 진행할 때도,
혹은 스스로 더 나은 방향으로 가고자 할 때도 말이다.
그런데 이런 상황에서 우리가 쉽게 빠지는 오류가 있다.
논리를 위한 논리, 아집, 자존심…….
정작 그 말(주장) 자체는 중요하지 않다. 내 주장을 관철하는
게 가장 중요하다.
그래서 때로는 자신도 확신하지 못하는 말을, 자존심 때문에,
마구 밀어붙인다.
하지만 나도 확신하지 않는 그 말을, 누가 믿어주겠는가.
화려한 말솜씨, 큰 목소리, 논리만으로는

설득이 이뤄지지 않는다.

문장은 말한다.

설득의 출발점은 내가 먼저 설득되는 거라고.

확신 없는 설명은 억지스러워 보이고,

마음속에서 흔들리는 생각은 말끝에서도 흔들린다.

반대로, 스스로 믿는 말은

화려한 설명 없이도 신뢰감을 준다.

표정, 태도, 말투, 행동에서

'저 사람은 진심이다'라는 느낌은, 힘이 세다.

이 문장은 설득의 기술인 동시에,

인생의 주도권을 거머쥐는 방법이다.

내가 믿지 않는 목표는 오래 가지 못한다.

내가 확신하지 못하는 방향은 한순간 뒤바뀐다.

스스로 납득하지 못하는 삶은,

누구에게도 설명할 수 없다.

설득은 결국 '내면의 확신'에서 흘러나온다.

"오늘 하루,

나는 내가 정말 그렇다고 믿는 말과 행동을 했는가?"

그 대답이 분명해지는 순간,

우리의 말과 행동은 더 힘 있게 사람들을 설득할 것이다.

정면 돌파!

인생은 마치 풋볼 경기와 같다. 경기 규칙은 이것이다.
강하게 돌파하라.
반칙하지 말고, 피하지도 마라. 오직 강하게 돌파하라.

시어도어 루스벨트

문장은 단호하다.
복잡한 전략이나 애매한 우회로 따위는 없다.
인생에서든 정치에서든(루스벨트는 미국 제26대 대통령이었다),
원칙은 심플하다.
"강하게 돌파하라. 반칙하지 마라."
우리는 종종 '상황이 좋아지기를' 바라며 시간을 끈다.
문제가 자연스럽게 사라지기를 기대하거나,
누군가 대신 해결해주길 바라기도 한다.
하지만 살다 보면 현실은 정반대일 때가 더 많다.
확실한 건 하나다. 미룰수록 약해지는 것은 문제가 아니라
우리의 마음이다.
그러니 부딪쳐야 한다! 다만 반칙은 안 된다.
스포츠에서는 반칙도 전략이라고 한다. 반칙도 관리의 대상
이 되기 때문이다.

하지만 인생에서는 그 전략이 통하지 않는다.

한번 통한 반칙은, 또 다른 반칙을 부른다.

이러한 악순환은 결국 실패와 몰락의 계기가 된다.

한 번 더 생각해보면,

돌파해야 할 대상에는 꼭 외부 장애물만 있는 게 아니다.

어쩌면 더 큰 적은 내 안의 망설임, 두려움, 실패에 대한 상상 아닐까.

우리가 진짜로 이겨내야 할 대상은

상황이 아니라 피하고 싶은 마음일 때가 더 많지 않은가.

오늘 하루만큼은 이 단순한 문장을 붙잡아보자.

"피하지 말 것. 반칙하지 말 것. 강하게 돌파할 것."

성장은, 피하지 않고 정면으로 부딪치며 나를 갈고닦을 때 비로소 이뤄진다.

변호사 지망생을 위한 링컨의 조언

당신이 굳게 결심하고
스스로 변호사가 되겠다고 마음먹는다면,
이미 절반 이상은 이룬 셈이다. 늘 명심하라.
성공하겠다는 굳은 결심이야말로 다른 무엇보다 중요하다.

에이브러햄 링컨

여기서 '변호사'라는 단어는 사실 하나의 상징으로 봐도 무방
할 것이다.
누구에게는 작가, 개발자, 창업가, 혹은 더 나은 부모가 될 수
있다.
문장의 핵심은 직업이 아니라 결심의 힘이니 말이다.
어떤 목표든 '되겠다'고 굳게 마음먹는 순간,
이미 절반은 움직였다는 것이다.
이 문장이 '비웃으며' 지나쳐지지 않는 이유는
링컨은 실제로 이 말을 자기 삶으로 증명했기 때문이다.

가난한 농가의 가정에서 태어나,
정규교육은 1년 남짓 겨우 받았다.
스물세 살, 주 의회 선거에서 낙선했고,

그 무렵 시작한 사업에서도 실패했다.
그 실패의 빚을 십여 년 동안 짊어져야 했다.
연방 하원의원은 수차례 도전한 끝에
겨우 한 번 당선되었고,
상원의원 선거에서는 두 번 모두 고배를 마셨으며,
부통령 후보 지명에도 실패했다.
그러다 쉰한 살에, 마침내 미국 대통령에 당선되었다.

정규교육도, 든든한 후원 기반도 없이, 독학으로 변호사가
되어야 했던 사람.
이렇게 포기할 만한 이유와 조건은 차고도 넘쳤지만,
굳은 결심 하나로 자신의 고난을 이겨냈다.
사실, 결심이 흔들리면
그 어떤 재능도, 기회도 힘을 쓰지 못한다.

링컨의 문장은 결국 이렇게 묻는다.
"그대는 '정말로' 그 길을 가겠다고 굳게 결심했는가?"
'반드시 해내겠다'는 단단한 마음이 모든 일의 절반 이상이다.

일은 한 번에 하나씩, 다만

일은 한 번에 하나씩 하라.
그리고 그 하나에 목숨을 걸어라.

유진 G. 그레이스

우리는 더 효율적으로, 더 빠르게,
더 많이 하라는 시대의 압박을 받고 있다.
이런 멀티태스킹 시대에, 문장은 정반대의 것을 주문한다.
"한 번에 하나씩! 다만 목숨을 걸어라."
사실 우리 삶에 뚜렷한 성과가 보이지 않는 이유는
일이 많아서가 아니라
주의가 흩어져 있기 때문일지 모른다.
손과 발은 온갖 군데 뻗어 있는데
마음은 그 어디에도 두지 못하기에,
결국 어떤 일에서도 '성과의 지점'에 도달하지 못한다.
"목숨을 걸어라"는 표현은 과장처럼 들릴지 모르지만,
집중의 본질을 정확히 말하고 있는 것 아닐까.
목숨을 건다는 건 최소한 두 가지 의미일 테다.
첫째, 모든 유혹을 이겨내겠다는 결단.
둘째, 마음을 온전히 던지겠다는 헌신.

그 순간 일의 밀도가 달라지기 시작한다.
그것이 쌓이면 인생의 밀도 역시 달라지기 시작할 것이다.

오늘부터라도, 일하는 법을 다시 배워보자.
"일은 한 번에 하나씩 하라.
그리고 그 하나에 목숨을 걸어라."

"Know the fact—hug the fact"

사실을 알아라, 사실을 껴안아라.
본질적인 것은 뜨겁고, 그 뜨거움은
진실성에서 나오기 때문이다.

랠프 월도 에머슨

문장에서 가장 먼저 눈에 들어온 단어는 '사실fact'이었다.
만약 우리 손으로 '사실'의 온도를 재본다면,
아마 '차갑네'라고 느끼지 않을까.
감정 없이, 현실 그대로만 드러내는, 냉정한 무엇.
그런데 에머슨의 문장은 '사실'에 대해 정반대의 이미지를
제시한다.
사실을 직시하고 껴안으면 뜨겁다 한다. 그 진실함이 뜨거움
을 만들기 때문이다.
나아가 그 뜨거움이야말로 삶의 본질이라고 말한다.
사실을 직면한다는 건, 회피나 미화 없이 있는 그대로의 현
실을 인정하는 일이다.
자기합리화로 얼버무린 말에는 힘이 없지만,
있는 그대로 받아들인 진실에는 강렬한 에너지가 담겨 있다.
"나는 지금 부족하다."

"지금은 잘나가는 것 같지만 후속 기획이 없다."
"이 선택은 잘못됐다."
이런 말들은 차가운 자기 분석의 결과다. 즉 사실이다.
회피하면 차갑지만,
끌어안으면 깊은 뜨거움이 밀려온다.
그 뜨거움이 변화를 만드는 본질적 힘이다.
그렇다. 사실을 인정할 때, 현실을 껴안을 때,
삶은 다시 뜨거워진다.
자기기만은 한순간 편안함을 줄지 모르지만
삶을 차갑게 만든다.
하지만 정직한 직면과 끌어안음은
불편하지만 인생에 불을 붙인다.
그 뜨거운 불꽃에서 진짜 삶이 시작된다.

오늘 이 문장을 붙잡는다.
"Know the fact─hug the fact."
사실을 알아라, 그리고 그것을 껴안아라.

모래시계

삶의 진짜 모습은 과연 어떨까?
책상 위에 놓인 모래시계를 상상해보라.
위아래의 유리그릇을 잇는 관이 아주 가늘어
단 하나의 모래알만이
한 번에 통과할 수 있다.
이것이 바로, 아무리 정신없이 바쁜 날이라 하더라도
변하지 않는 삶의 진짜 모습이다.
숨 막힐 듯 빽빽한 시간처럼 느껴져도
늘 한 번에 한 순간씩만 다가온다.
그 외 다른 방식으로 다가올 방법은 없다.
하루가 수많은 일과 문제,
긴장감으로 가득하더라도,
그것들은 어김없이 한 줄로 서서 우리 앞에 나타난다.

제임스 고든 길키

문장은 말한다.
우리가 '미칠 듯 바쁘다'고 느끼는 순간에도,
실제로는 모래시계의 모래알처럼
단 하나의 순간만 내 앞에 있을 뿐이라고.

문제는 우리가 인생을 '한꺼번에' 해결하려 한다는 데 있다고.
오늘, 이번 주, 이번 달, 내년, 10년 후, 이렇게
모래시계 윗부분의 모래까지 한꺼번에 쏟아붓는다.
그러니 버거울 수밖에 없다.
하지만 모래시계 이야기는 우리에게 안도감을 준다.
"문제는 언제나 한 줄로 서서 온다."
실제로 우리는 '한꺼번'을 동시에 살지 않는다. 순간순간을
살 뿐이다.
마찬가지로 선택 또한 한 번에 하나씩만 할 수 있다.
그걸 잊을 때 마음은 짓눌리고,
그걸 기억할 때 삶은 제 속도를 찾는다.
인생의 모래시계는 언제나 현재형으로만 작동한다.
그러니 미리 걱정하지 말자.
하루를 해체해 하나의 순간으로 환원할 때,
우리는 다시 삶을 감당할 수 있게 된다.

친절하지만 단호한 이 문장을 붙잡아보자.
"하나씩 해결하라. 인생은 원래 그렇게 온다."

※ 덧붙이는 글: 데일 카네기는 또 다른 관점에서 이렇게 말했다. "'바쁘
    게 지내는 것'과 같은 간단한 일이 어떻게 불안을 몰아내는 데 도움이

될까? 그것은 심리학이 밝혀낸 근본 법칙 중 하나 때문이다. 그 법칙이란, 아무리 뛰어난 인간의 정신이라도 주어진 순간에는 오직 한 가지밖에는 생각할 수 없다는 것이다."

5.　　　　　　█████ A현이 ████ ████
　　　　　　████ 끊어지더라도

매력의 조건

내가 언제, 무엇에 진짜 흥미를 느끼는지 아는 것,
그것이 다른 사람을 흥미롭게 만드는 첫 번째 조건이다.

존 몰리

우리는 종종 '남을 감동시키려면 남을 연구해야 한다'고 생각한다.
그가 뭘 좋아할지, 뭘 듣고 싶어 할지, 어떤 말에 반응할지를 끝없이 궁리한다.
하지만 문장은 정반대의 길을 제시한다.
먼저 자기 마음이 어디로 향하는지를 알아야
타인도 우리에게 빨려든다는 것이다.
돌이켜보면, 매력적인 사람들의 공통점이 있다.
자신이 무엇에 설레는지, 무엇을 좋아하는지,
무엇을 생각하고 무엇을 추구하는지 아는 사람들이다.
한마디로, 스스로 뜨거운 사람들이다.
그들은 남을 흥미롭게 하려고 애쓰지 않아도,
자신의 관심사와 그 순수한 열정만으로도 자연스럽게 대화의 온도를 높인다.
문장은 이렇게 속삭이는 듯하다.

"너 자신에게 흥미를 가져라.
그러면 다른 사람도 너에게 흥미를 갖게 될 것이다."
자신에게 뜨거운 사람, 자기 인생에 충실한 사람이야말로,
그래서 매력적이다.

오늘 이 문장을 붙잡는다.
"내 마음이 어디로 향하는지 아는 것, 그것이 곧 타인을 움직이는 힘이다."
이 문장은 '설득된 자만이 설득한다'는 말과도 맞닿아 있다.
경쟁의 시대에 잊기 쉬운,
그러나 가슴 깊이 새길 만한 지혜 아닐까.

결코 꺾지 말아야 할 것

열정의 아름다움과 힘을 인정하라.
그리고 스스로 배우거나 남을 가르칠 때,
진심 어린 열정을 결코 꺾지 마라.

조지프 터커맨

'열정'이라는 단어는 내게 늘 양가적 감정을 불러일으켰다.
한편으로는 부러운 감정이면서도, 또 한편으로는
자기계발서가 쏟아내는 진부한 말처럼, 혹은
늘 들떠 있는 사람들의 가벼운 태도처럼 느껴졌다.
그래서인지 누군가의 뜨거운 열정을 마주하면,
'촌스럽다', '애송이 같다'는 마음이 스치기도 했다.
정작 나는 그 열정을 제대로 느껴본 적도 없으면서 말이다.
그런데 문장은 말한다.
"진심 어린 열정은 결코 꺾어서는 안 된다."
그 말이 가슴에 크게 박힌다.
누군가의 열정이 서툴고 미숙해 보여도,
그 안에는 그의 진심과 가능성이 담겨 있다.
우리는 종종 '성숙함'이라는 이름으로
타인의 열정을 비웃고,

'현실감각'이라는 핑계로
자신의 열정마저 외면해버린다.
하지만 성장은 늘 그 뜨거움에서 시작된다.
그 작은 불씨가 꺼지지 않도록 지켜주는 사람이,
결국 사람을 크게 키운다.
혹시 나도 누군가의 열정 앞에서 너무 쉽게 판단하진 않았
던가?
그 순간, 나는 그 사람만이 아니라
내 안의 열정도 함께 꺾었을지 모른다.
열정은 촌스러움이 아니라 생명력이다.
애송이의 미숙함이 아니라 성장의 추진력이다.
뜨거운 가슴을 있는 그대로 존중하는 것이야말로
서로를 성장시키는 첫걸음이다.

※ **덧붙이는 문장:** 데일 카네기의 말이다. "열정은 우리 내면에 잠재된
  에너지와 능력을 끌어내는 원동력이다. 열정이 없다면 어떤 능력도
  묻히고 만다. 사실 우리는 평생 다 쓰지 못할 만큼의 잠재력을 지니
  고 있다. 지식이나 판단력, 논리적 사고를 갖췄다 해도, 거기에 마음
  을 쏟아 생각과 행동으로 옮기지 않는다면, 아무도, 심지어 우리 자신
  조차도 그 가치를 알지 못할 것이다."

누군가를 울리고 싶다면

나를 울리고 싶다면, 먼저 네가 아파야 한다.

호라티우스

공허한 말, 껍데기뿐인 말, 말을 위한 말……
그래서 누군가 이런 말을 했나 보다. "그냥 가만히 함께만 있어 줘도 된다."
이 문장을 오래 바라보고 있으니, 문득 이런 생각이 든다.
누군가의 마음을 움직이는 것은 기교가 아니라,
내가 살아온 흔적이라는 걸.
아파보지 않았다면, 그의 슬픔을 깊이 이해할 수 없다.
흔들려본 적 없다면, 그의 회의감과 불안을 안아줄 수 없다.
이렇게 아픔을 통과해서 나온 그 무언가는,
다른 이에게 가닿는다. 그게 예술이고, 공감이고, 위로다.
그러니 애써 더 멋진 말을 찾을 필요가 없다.
내가 지나온 길에서 찾아낸 아픔의 흔적이면 된다.
그런 흔적이 없다면, 그냥 가만히 곁에 있어 주면 된다.
위로를 건네고 싶은 마음만큼은 진심이니까 말이다.

"나를 울리고 싶다면, 먼저 네가 아파야 한다."

그것들이 나를 아프게 두지 않았다

나는 이민자의 아들로 태어났다.
다른 이들처럼 나도 편견의 대상이 되었고,
차별을 당해야 했다.
그러나 그것들이 나를 아프게 두지 않았다.
오히려 더 치열하게 노력하라는 자극으로 삼았다.

버나드 바루크

이 문장은 한 가지 진실을 다시 일깨워준다.
사건은 하나지만, 그 사건에 대한 해석은 다양하다는 것.
누군가는 상처를 품고 주저앉는다.
누군가는 분노와 원망 속에서 스스로 갉아먹는다.
그러나 문장의 주인은 전혀 다른 선택을 했다.
상처를 힘으로 바꾸고,
차별을 원동력으로 전환하는 선택.
아무리 현실이 가혹해도
그것이 곧 내 인생의 결론은 아니다.
그 결론은, '어떻게 반응할 것인가'가 결정한다.
우리는 흔히 상황을 탓할 권리가 있다고 믿지만,
사실 더 중요한 질문은 따로 있었다.

이 상황을 어떤 의미로 받아들일 것인가.
문장은 차별 앞에서 쓰러지지 않았다.
또한 그것을 복수심으로도 바꾸지 않았다.
그저 더 깊이, 더 치열하게
자신을 밀고 나가야겠다는 결심으로만 바꾸었다.
일어난 사건은 바꿀 수 없지만,
그 사건에 역할을 주는 건 내가 결정한다.

오늘 이 문장을 꼭 붙들어본다.
"그것들이 나를 아프게 두지 않았다."

※ 참고로, 버나드 바루크Bernard Baruch는 유대인 이민자 가정에서 태어
   나 편견과 차별을 겪어야 했다. 그 경험을 더 큰 노력의 동력으로 삼
   았던 그는, 훗날 월가의 거부巨富, 대통령들의 조언가, 국제 외교가의
   삶을 살아냈다.

북풍이 바이킹을 만든다

북풍이 바이킹을 만든다. 북유럽 속담이다.
편안하고 안전한 생활이
사람을 더 인격적으로, 더 행복하게 만들지는 않는다.
자기연민에 빠진 사람은
비단 방석 위에 앉아 있어도 여전히 자신을 불쌍히 여긴다.
그러나 역사는 말한다. 어떤 상황에서도
자기 인생의 무게를 짊어지고 감당한 이들에게서 인격과 행복이 자라났다고.
그렇다. "북풍이 바이킹을 만든다."

해리 에머슨 포스딕

바이킹을 강하게 만든 건 북풍 그 자체가 아니라,
북풍을 대하는 태도,
거센 자연을 견디며 배운 생존의 기술,
매일의 고난을 '감당할 만한 것'으로 받아들인
마음가짐이었다.
편안함은 사람을 성숙시키지 않는다.
어려움에 맞서야 비로소 인격이 자란다.
심지어 자기연민은 가장 좋은 환경에서도 사라지지 않는다.

비단 방석은 몸을 편하게 할 뿐, 마음을 바꾸지는 못한다.
반대로, 최악의 조건 속에서도
"이 삶은 내가 책임진다"라고 말하는 순간,
그의 내면에서는 작지만 분명한 어떤 힘이 자라난다.
그 힘이 축적될 때,
비로소 인격도 성숙해지고 행복도 단단해진다.
그래서 문장은 북유럽 속담을 거듭 들려준다.
"북풍이 바이킹을 만든다."

결국 중요한 것은 북풍의 세기가 아니라,
내가 오늘 맞고 있는 이 바람을 어떻게 받아들이느냐다.
상황이 어떻든, 그 바람은 나를 더 강하게 만들 수 있다.
이 생각을 품는 순간,
북풍은 두려움이 아니라 성장의 도구가 된다.

슬픔과 고통은 다만 땅일 뿐이다

슬픔과 고통은 다만 땅일 뿐이다.
그 땅에서 아름답게 자라는 식물은 '이타심'이다.
온유하게, 고통을 견디는 법을 배워라.
조급해하지 않고 원망하지 않으며
담대하게 살아가려는 노력은 언젠가 우리를
기쁨과 만족 가운데 살게 해줄 것이다.

헬렌 켈러

헬렌 켈러의 문장은 설명을 넘어 고백처럼 들린다.
그녀가 겪어야 했던 고통의 무게가 생각나서일까.
아니면 평생을 어둠과 침묵 가운데 살면서 만들어낸 단단한
통찰 때문일까.
그녀는 슬픔과 고통을 '벌'이나 '비극'이 아니라,
무언가가 자라나는 '땅'이라고 말한다.
그 땅에서 자라는 것은 이타심, 부드러움, 온유함 같은
덕목이다.
삶이 우리에게 고통을 준다고 해서
그 고통이 반드시 분노나 냉소를 만드는 것은 아니다.
어떤 영혼은 그 고통을 거름 삼아

자기 안의 선함을 키워내기도 한다.

그녀는 아마 그 길을 직접 걸어본 사람일 것이다.

그래서 그녀의 문장은 조언이 아니라 체험이다.

"조급해하지 마라, 원망하지도 마라"는 말도

고통을 모르는 이의 가벼운 위로가 아니라,

고통을 살아낸 사람이 남긴 단단한 지혜로 들린다.

그리고 그녀는 말한다.

담대하게 살아내려는 마음과 무너지고 싶을 때도 조용히 버텨낸 시간들,

그 모든 노력이 결국 우리를

기쁨과 만족이라는 또 다른 장소로 데려다줄 것이라고.

슬픔과 고통이 사라지지 않는다 해도,

그 위에서 아름다운 무언가를 키워낼 수 있다는 믿음,

아마 그것이 헬렌 켈러가 남긴 가장 위대한 유산일 것이다.

조용히 다시 읽어본다.

"슬픔과 고통은 다만 땅일 뿐이다.

그 땅에서 아름답게 자라는 식물은 '이타심'이다."

문제란, 그저

문제란, 그저 작업복을 입고 나타난 기회일 뿐이다.

헨리 J. 카이저

이런 문장을 만나면 괜히 기분이 좋아진다.
메시지는 차치하고 표현 자체가 새롭기 때문이다.
'작업복을 입고 나타난 기회'라니.
하지만 그 짧은 유쾌함 뒤에 남는 밀도 높은 의미는,
오히려 잠시 멈춰 들여다봐야 드러난다.
기회는 왜 하필 작업복을 입고 오는가?
왜 단정한 정장을 입고 오지 않는가?
그 이유에 대한 답은 이미 문장 안에 있었다.
기회는 대부분 문제의 형태로 다가오기 때문이다.
해결해야 하고, 손에 흙을 묻혀야 하고, 힘을 써야 한다.
작업복 없이는 쉽게 다가가지 못하는 영역.
그래서 우리는 그것을 '문제'라고 부른다.
하지만 그 문제를 끌어안고 씨름하는 순간, 그것은 기회로 변한다.
돌이켜보면 그렇다.
내 삶을 바꿔놓은 것들은 대부분,

귀찮거나 버거운 문제들이었다.

예상치 못한 책임, 해결해야 할 과제, 피하고 싶은 상황.

그런데 묘하게도, 그 문제들을 제대로 직면했을 때

실력도, 시야도, 인생도 커지고 확장되었다.

문제는 곧 기회다. 다만

깔끔한 정장 차림이 아니라 작업복을 입고 올 뿐이다.

오늘 하루, 내가 지금 "이건 문제야"라고 부르는 것들을

다시 한 번 살펴보자.

그것은 나를 그저 귀찮게 하러 온,

초대받지 않은 손님이 아니라

작업복을 입은 채 조용히 문을 두드리는 기회일지 모른다.

"문제란, 그저 작업복을 입고 나타난 기회일 뿐이다."

약함의 비밀

환난 날에 낙담하면 네 힘이 미약함이니라.

구약성경, 잠언 24장 10절

짧은 문장이다.

그런데 이 말을 오래 붙들고 보니, 꾸짖음보다는 위로가 느껴진다.

환난 앞에서 낙담한다는 것, 그건 곧 인간이라는 뜻 아닐까.

우리는 생각보다 약하고,

그 약함은 숨길 게 아니라 인정해야 할 진실이다.

그래서 이 구절이 말하는 '미약함'은 비난이 아니다.

오히려 이렇게 속삭이는 듯하다.

"혼자 버티려 애쓰지 마라.

네가 약하다는 사실을 알아차리는 것이, 곧 지혜다."

쓰러질 듯 흔들릴 때면,

우리 대부분은 더 강해져야 한다고,

누구에게도 이런 모습을 보여선 안 된다고, 그렇게 스스로 다그친다.

그러나 잠언은 다른 길을 보여준다.

약함을 인정하는 순간,

우리는 비로소 누군가의 손을 잡을 수 있는 정당한 이유를 만나게 된다.

약함이 '우리'라는 관계를 살아 있게 한다는 것을 우리는 종종 잊는다.

고통 앞에서 겸손해지는 일,

그것이야말로 인간에게 허락된

가장 깊은 용기일지 모르겠다.

기대고, 도움을 요청하는 것은 부끄러운 게 아니다.

오히려 이 말이 진실에 가깝지 않을까.

"낙담한 그대여, 혼자여야 한다는 오래된 믿음은 내려놓아도 된다."

나의 약함을 인정하는 것은 패배가 아니라

새로운 시작이다.

그 인정이 결국 우리를 살리고, 우리 곁의 누군가도 살린다.

환난의 날은 누구에게나 찾아온다.

그날, 우리가 해야 할 일은 강한 척 버티는 것이 아니라

조용히 고백하는 일이다.

"나는 지금 약합니다. 그러니, 잠시 기대겠습니다."

그 한마디에 이미 회복은 시작되었다.

A현이 끊어지더라도

인생이란, 바이올린의 A현이 끊어져도
나머지 세 줄로 연주를 마치는 것이다.

해리 에머슨 포스딕

바이올린은 네 줄 악기다. 그런데 그 중 하나가 끊어진다?
당황, 아니, 절망 그 자체 아닐까.
특히 문장에서 콕 짚어 말한 A현은, (검색 결과)
중간 음역을 담당하는 선율의 중심축이자,
조율의 기준이 되는 핵심 현이라고 한다.
즉 악기의 중심이 무너지는 셈이다.
인생으로 치면 갑작스러운 사업 실패,
심각한 건강 문제, 혹은 소중한 관계와의 이별 같은
삶의 '중심'이 무너지는 사건일 테다.
"이 정도면 끝난 것 아닌가?"
그러나 문장은 말한다.
아직 연주회가 끝나지 않았다고, 계속 연주하라고.
남은 것으로 마지막까지 연주해내는 게 인생이라고.
세 줄만 남았다면, 물론 힘들겠지만,
세 줄용 악보를 만들면 된다.

어쩌면 그렇게 탄생한 세 줄 음악이
더 아름다울지 모른다.
결핍이 깊이를 만들고, 상처가 울림을 주기 때문이다.
그 울림이야말로 '나만의 연주'가 된다.

생각해보면 누구나 뭔가가 결핍된 상태에서 살아간다.
주어진 조건이 완벽한 사람은, 어쩌면 없을지 모른다.
어떤 사람은 돈의 현이, 어떤 사람은 건강의 현이,
어떤 사람은 관계의 현이 끊어진 채 살아간다.
그렇게 우리는 남은 세 줄로 자신의 인생을 연주한다.

오늘 하루 이 문장을 붙잡는다.
"인생이란, 나머지 세 줄로 연주를 마치는 것이다."

만약 어둠이 없다면

빛은 보여주면서 동시에 감춘다.
만약 어둠과 지구의 그림자가 없었다면,
창조물 중 가장 고귀한 것, 곧 하늘의 별은 드러나지 않았을
것이다.

토머스 브라운

이 문장은 광학과 천문학의 언어로 쓰였는데,
결국은 인생을 말하고 있다.
빛은 모든 것을 드러낼 것 같지만, 실은 드러낼 수 없는 것도
있었다.
낮은 별을 감추지 않는가. 그렇게 너무 밝으면 별이 보이지
않는다.
오히려 어둠이 찾아와야만,
세상에서 가장 고귀한 빛이 그 모습을 드러낸다.
밤이라는 캔버스가 별이라는 작품이 완성시킨다.
이 생각을 인생에 한번 대입해본다.
인생의 어둠은,
결핍이나 불운, 실패나 시련 같은 것들 아닌가.
내 인생에서는 결코 없었으면 하는 것들이다.

하지만 그 어둠은,

내 안의 '별'을 드러내는 캔버스가 되기도 한다.

성공보다 실패에서, 평탄한 시간보다 고난 속에서

내가 누구인지,

인생이 무엇인지 더 또렷이 알게 되는 것처럼.

문장은 말한다.

어둠은 빛을 가리는 것이 아니라, 빛의 자리를 마련해주는

것이라고.

어둠이 없었다면,

우리는 별의 존재를 알아채지 못했을 것이다.

지금 어둠 속에 있다면, 이 어둠은

지금까지 못 봤던

내 안의 별을 드러내는 그림자일지 모른다.

주도성, 남이 시키지 않아도

세상은 돈과 명예라는 큰 보상을
오직 하나의 태도에만 허락한다. 바로 주도성이다.
주도성이란 무엇인가?
남이 시키지 않아도 옳은 일을 하는 것이다.

엘버트 허버드

주도성? 직장생활의 덕목!
"상사가 시키기 전에 먼저 움직이는 것!"
그런데 반백 년을 넘긴 지금,
일의 세계에서 조금씩 밀려나고 있는 이 시점에서야
이 단어가 다르게, 그리고 아프게 들리기 시작한다.
주도성은 알아서 먼저 움직이는
'능동성'만을 의미하지 않았다.
"남이 시키지 않아도 '옳은 일'을 하는 것."
그렇다면 '옳은 일'이란 무엇일까?
누가 보지 않아도 자신을 스스로 다잡는 일,
누가 말하지 않아도 더 나은 선택을 고민하는 일,
편하고 쉬운 길이 아니라 '옳은 길'을 선택하는 일.
그런 사람은 조직의 명령을 기다리지 않는다.

상황이 불확실해도 방향을 찾으려 하고,
누가 길을 터주기만을 기다리지 않고 스스로 길을 만든다.
세상은 그런 사람에게만 '큰 보상'을 허락한다. 돈이든, 명예든, 기회든.
나이가 들면서 문득 이런 생각이 든다.
언제부터 나는 주도성을 잃어버렸을까? 아니, 주도성을 가진 적은 있었던가?
남이 시키지 않으면 나서지 않고,
시작하기 전에 의심부터 하고,
이 정도만 해도 되는 것 아닌가, 그렇게 스스로 기준을 낮춰온 날들 아니었던가.
그래서일까, 이 문장은 나를 부끄럽게 한다.

더 늦기 전에, 지금부터라도 이 문장을 붙잡겠다.
"주도성이란,
남이 시키지 않아도 옳은 일을 하는 것이다."
남은 시간, 남은 일, 남은 관계들 앞에서
'주도성'의 미덕을, 이제라도 한번 실천해보자.

6.　　　　　밤이 ▓▓▓▓ 밤이 되게
　　　　　　▓▓▓▓ 하라 ▓▓▓▓

어느 신학자의 기도

평온을 비는 기도

신이시여, 제게 허락하소서.
바꿀 수 없는 것들을 평온히 받아들일 수 있는 마음과,
바꿀 수 있는 것들을 기꺼이 바꿀 수 있는 용기와,
그 둘의 차이를 분별할 수 있는 지혜를.

라인홀트 니부어

이 짧은 기도문은 인생의 지혜 그 자체인 것 같다.
그래서일까,
많은 이들이 종교와 상관없이 이 기도문을 품는다.
처음 이 기도문을 책에서 접했을 때, 솔직히 그 통찰에 많이
놀랐다.
인생이 번잡하고 어지러운 이유를
어쩌면 이렇게 정확하게 포착했을까, 하는 감탄.
우리는 늘 '바꿀 수 없는 것'과 '바꿀 수 있는 것'을 혼동한다.
아니, 어쩌면 우리는 이 둘을
애초에 구분해야 한다는 생각조차 하지 않고 살아왔는지도
모른다.

사람들은 바꿀 수 없는 것을 부여잡고 괴로워한다.

가장 대표적인 게 이미 지나간 과거 아닐까.

반면에, 정작 바꿀 수 있는 것은 두려움 때문에 미루거나 회피한다.

오늘 내게 맡겨진 책임 같은 것들 말이다.

기도문은 여기서 한 걸음 더 나아가,

바꿀 수 있는 것과 없는 것을 분별하는 지혜를 말한다.

사실, 인생이 혼란스러운 건, 이 분별의 지혜가 없어서다.

중요한 것과 중요하지 않은 것,

힘을 써야 할 것과 내려놓아야 할 것,

이 둘을 분별하지 못하면

인생은 말 그대로 뒤죽박죽이 되어버린다.

그리고 무엇보다도 인생에 지친다.

그래서 신학자는 조용히 기도한다.

바꿀 수 없는 일에 매달려

인생을 허비하지 않게 해달라고,

바꿀 수 있는 가능성 앞에서는

자신을 과소평가하지 않게 해달라고 말이다.

그렇다. 우리는 힘을 써야 할 것과

조용히 내려놓아야 할 것을 구분해야 한다.

그때 비로소 삶은 균형을 되찾게 된다. 평화가 온다.

"이 일은 내가 바꿀 수 있는 것인가, 아니면
이미 내 손을 떠난 것인가?"
이 질문 하나만으로도 인생의 무게는 한결 가벼워질 것이다.

예전의 너는 없다

시간은 슬픔과 다툼을 치유한다.
우리 모두 변화하여 더 이상 같은 사람이 아니기 때문이다.
상처를 준 사람도, 상처를 받은 사람도 이미
예전의 그가 아니다.

블레즈 파스칼

문장은 용서와 화해의 이유를
전혀 다른 차원에서 이야기한다.
흔히들 세월이 약이라고 하지만,
그 말은 세월에 흐려진 기억 때문에 덜 아프게 된다는 뜻처럼 들린다.
하지만 철학자는 어제와 다른 나,
그때와 다른 나를 이야기한다.
상처는 그 자리에 있다.
하지만 나는 이미 그 자리를 떠나왔다.
이 사실을 꼭 기억하자고, 철학자는 조용히 조언한다.
이 깨달음은 묘하게 우리 마음을 가볍게 한다.
상처의 존재, 그 무게를 부정하지 않기 때문이다.
또 "그때는 네가 어려서 상처받은 거야", 이런 식의 비아냥도 없기 때문이다.

다만, 지금은 이미 그때의 내가 아니라는 사실만을 조용히 들려줄 뿐이다.

그때의 내가 아팠던 것이다.

그 고통은 그때만으로도 충분하다.

그래서 지금의 나는,

그때의 나 덕분에 이미 다른 사람이 되었다.

오늘 하루는 이 문장을 조용히 되뇌어본다.

"그때의 너는 사라졌어.

그리고 지금의 너는 이미 다른 사람이야.

그러니 그때의 상처를 오늘의 너에게 계속 넘기지는 말자."

밤이 밤이 되게 하라

밤은 음악으로 가득 찰지니,
낮을 괴롭히던 근심들은
마치 아라비아 유목민들처럼 그들의 천막을 걷고
소리 없이 사라질 것이다.

헨리 워즈워스 롱펠로

시는 어렵다는 편견이 있다. 나 역시 그 편견에서 자유롭지
못하다.
그런데 어떤 시는 단 한 줄만으로도 우리 삶을 꿰뚫는다.
나에겐 이 짧은 4행의 시가 딱 그랬다.
시인은 '밤'을 완전히 다른 질서로 전환되는 순간으로 보는
듯하다.
소란과 걱정으로 뒤얽혔던 낮과 달리,
밤에는 보이지 않는 어떤 조화와 정돈이 찾아온다는 것이다.
그게 바로 음악이다.
"아라비아 유목민들처럼 천막을 걷는다." 이 표현 역시 눈길
을 끈다.
밤은 천막을 칠 시간이지 걷는 시간이 아니다.
그런데 시인은 걷히는 천막을 '밤'의 장면 속에 집어넣었다.

즉 천막은 상징이라는 의미다. 무슨 의도였을까?
아마도 이것은 근심의 본질을 말하고자 한 것 아닐까.
근심은 천막처럼 일시적이라는 것,
고요한 밤의 음악이 흐를 때,
유목민의 천막처럼 조용히,
우리가 눈치채지 못하는 사이에 사라진다는 것.
우리는 흔히 근심 그 자체에 몰두하지만, 시인은
근심 대신 밤이라는 시공간에 집중하라고 말한다.
밤은 생각을 가라앉히고, 감정을 정리하며,
하루의 혼란에 잠시 쉼표를 찍는 시간이다.
밤의 고요가 제대로 기능할 때,
낮의 근심은 천막처럼 조용히 우리 곁에서 사라진다.

그래서 나는 이 시를 이렇게 읽고 싶다.
"밤이 밤이 되게 하라."
질서가 회복되고, 소란했던 낮의 소음들이 사라지고,
하루의 감정과 생각을 천천히 정리하는 시간.
그런 밤을 지킬 때,
근심은 어느새 떠날 준비를 마친다.
밤이 밤이 될 때,
근심은 천막을 걷듯 조용히 우리 곁을 떠난다.

※ 참고로, 이 시는 〈하루가 저물었네The Day Is Done〉의 마지막 열한 번째 연이다. 이 시의 화자는 하루 일을 마치고 무척 지쳐 있는 상태다. 날은 어두워지고 비는 내리는데, 마음에는 이유를 알 수 없는 슬픔과 피로가 차오른다. 그래서 화자는 누군가에게 시 한 편을 읽어 달라고 부탁한다. 하지만 단테나 호메로스 같은 영웅적인 시인들의 시는 사양한다. 그런 시들은 지금의 지친 마음에는 너무 벅차다는 이유에서다. 대신, 소박하고 진솔한 시인의 시, 마치 여름 소나기처럼 눈물을 씻어주는 그런 시를 읽어 달라고 청한다. 그리고 그 요청의 결과가 여기서 인용한 구절이다.

생각의 서랍

나는 생각해야 할 문제가 있을 때면
서랍을 연다.
마음속에서 그 문제가 해결되면, 열었던 서랍을 닫고
다른 서랍을 연다.
잠자리에 들고 싶을 때는 모든 서랍을 닫는다.

나폴레옹 보나파르트

"불가능이란, 바보들의 사전에만 있는 단어다."
이렇게 영웅적인 말을 외쳤던 이가
이런 차분한 조언도 남겼다는 사실에 놀랐다.
역사에 남은 인물의 사고방식은 분명 남달랐다.
한 문장 안에서 그는 문제 해결의 기술,
그리고 삶의 리듬을 지키는 법을 동시에 보여준다.
우리는 종종 모든 문제를 한꺼번에 붙들고 괴로워한다.
나폴레옹식으로 말하면
생각의 서랍이 전부 열려 있는 상태.
그러니 어떤 문제도 제대로 다룰 수 없고,
쉬어야 할 때조차 마음이 가라앉지 않는다.
하지만 나폴레옹은 명쾌했다.

"문제가 생기면 그 서랍만 열어라. 해결되면 닫아라. 잘 때는 전부 닫아라."

지극히 단순하지만, 어떤 복잡한 이론보다 지혜롭다.

문제 분리, 집중, 그리고 온전한 휴식.

이 세 가지가 인생에 리듬을 만들고 삶의 질을 높인다.

특히 잠자리에 누워서도 계속 열려 있는 서랍들,

불안, 미련, 미완의 일들, 그 모든 서랍을 조용히 밀어 넣을 수 있는 힘.

그것이야말로 하루를 잘 마무리하는 기술 아닐까.

나폴레옹은 전쟁의 천재 이전에,

자신의 마음을 기가 막히게 관리한 사람이었던 것 같다.

자문한다.

"나는 지금 어떤 서랍을 열어놓고 있는가?

닫아야 할 서랍은 없는가?"

열두 달 후에는

열두 달 후에는 이게 얼마나 하찮게 보일까.

새뮤얼 존슨

짧지만, 인생의 시야를 단숨에 넓혀주는 문장이다.
우리가 '지금'이라고 부르는 이 짧고 밀도 높은 순간은,
언제나 과장되기 쉽다.
시간의 강물이 한 해를 돌고 돌아
다시 이 자리를 지날 때쯤이면
지금 내 마음을 옥죄는 이 문제들 가운데 과연 몇 개가 여전히 남아 있을까.
심지어 왜 괴로워했는지 기억조차 안 날지 모른다.
문장은 우리에게 말한다.
"조금 더 멀리서 보라. 조금 더 긴 안목으로 보라."
그렇게 보는 순간, 크고 어려워만 보이던 문제들이
서서히 제 크기로 줄어들 것이다.
지금 눈앞의 근심이 크게 느껴지는 이유는
우리 눈이, 우리의 인식이 지금 이 순간만 보기 때문이다.
하지만 삶이라는 더 큰 흐름 위에서 보면
이 순간은, 마치 '창백한 푸른 점'처럼

그 존재가 너무 미미해 기억조차 안 날지 모른다.

"열두 달 후에는 이게 얼마나 하찮게 보일까."
이 문장 하나만 기억해도 오늘 불어올 수많은 폭풍이
다르게 느껴질 것이다.

현명한 사람이 바쁜 이유

지나간 일은 사라졌고 되돌릴 수 없다.
현명한 사람은 현재와 미래의 일만으로도 충분히 바쁘다.
결국 과거의 일에 매달리는 것은
자기 자신을 가지고 노는 것에 불과하다.

프랜시스 베이컨

이 문장을 읽다가 두 군데에서 눈이 멈췄다.
"현명한 사람은 충분히 바쁘다." 그리고
"과거에 매달리는 것은 자신을 가지고 노는 것이다."
첫 번째 문장은 거의 하나의 선언처럼 들렸다.
"지혜란 무엇인가?
현재와 미래를 충분히 바쁘게 살아가는 태도다!"
바쁨이 '조급함'을 뜻하진 않을 것이다.
오히려, 집중이나 몰입, 책임의 의미에 가깝지 않을까.
주어진 오늘만 제대로 살아도 충분히 바쁘고,
내일을 준비하는 일만으로도 이미 할 일은 충분히 많다.
여기에 과거가 들어올 여지는 없다.
두 번째 문장, "자기 자신을 가지고 노는 것에 불과하다."
이 표현이 뼈를 때린다.

우리가 과거를 파고들 때, 사실은 해결하기 위해서가 아니라
그 감정에 머물기 위한 경우가 더 많지 않을까.
문장은 이런 경우를 정확히 꿰뚫는다.
과거에 매몰되는 순간, 우리는 삶을 살아가는 주체가 아니라
자기 감정에 끌려다니는 장난감이 된다.
과거는 이미 사라졌다.
거기에 쓰는 시간은 결국 미래를 지불하는 행위일 뿐이다.

오늘 해야 할 일,
오늘 시작할 수 있는 일,
오늘 고칠 수 있는 일,
그렇게 오늘은, 오늘에 집중하자.
"현명한 사람은 현재와 미래의 일만으로도 충분히 바쁘다."

밤에는 영혼의 옷을 벗어라

"밤에는 영혼의 옷을 벗어라."
자신을 채찍질하며 반성하라는 게 아니다.
옷을 벗듯 오늘 하루의 잘못,
그게 저질러버린 것이든, 해야 했지만 안 한 것이든,
모두 벗어던지라는 말이다.
그러면 다음 날
새 삶을 가진 자유로운 사람으로 깨어날 것이다.

윌리엄 오슬러

이 문장이 유독 반가웠다. 얼마 전 읽었던 롱펠로의 시는,
밤이란, 근심이 천막을 걷고 사라지는 시간이라 했다.
그 시와 오슬러의 문장이 서로 손을 잡고 있다.
두 문장 모두 밤을 '정리의 시간'으로 바라보라 한다.
하루 동안 쌓인 몸의 먼지를 씻어내듯,
마음의 짐도 벗어야 한다는 것.
이 문장은 특히 한 가지를 더 짚는다.
'벗어던짐'이란 자기비판이나 후회가 아니라는 것.
'반성'이 아니라 '해방'에 방점을 찍고 있다.
우리가 종종 밤마다 되풀이하는 자기 검열, 후회, 자책은

영혼의 옷을 벗는 것이 아니라 더 껴입는 행위에 가깝다.
그래서일까, 문장은 그 반대를 말한다.
하루의 잘못을 인정하되,
그 잘못에 매달려 내일을 방해하지 말라고 한다.
그렇게 보면 밤은 단순한 휴식의 시간이 아니다.
밤은 '되돌릴 수 없는 오늘'을 내려놓고,
'아직 오지 않은 내일'을 맞이하는, 하나의 문턱 같은 것이다.
그 문턱을 가볍게 넘으려면 영혼의 옷을 벗어야 한다.
그래서 다시 롱펠로의 시가 떠오른다.
"밤은 음악으로 가득 차고,
근심은 천막을 걷듯 사라진다."
밤이 이렇게 기능할 때,
우리는, 내일을 새로운 삶으로 맞이할 수 있다.

오늘 밤, 영혼의 옷을 벗어 던지자.
이미 저질러버린 실수, 하지 못해 마음에 걸리는 일,
불필요하게 끌어안고 있던 감정, 모두 벗어 던지자.
그래야 '내일의 내'가 조금 더 가벼워지고,
조금 더 자유로워진다.

진정한 낙관주의자

나는 내가 뿌리 깊은 낙관주의자로 분류된다는 것을 알고
있다.
그리고 그럴 만하다.
나는 항상 실패가 아닌 성공을 향해 눈을 돌리기 때문이다.
나는 거의 본능적으로 재앙에서 등을 돌리며 실패라는 가
설 자체를 배제한다.
이것이 나의 행동 철학이다.
과제가 주어질 때마다 그것을 면밀히 검토하고,
자신에게 기대되는 바를 정확히 가늠하라.
그다음 계획을 세우고,
그 계획을 제대로 실행하기 위한 자신만의 방법을 마련하라.
절대로 즉흥적으로 처리하지 마라.

페르디낭 포슈 원수

포슈 원수는 제1차 세계대전에서 연합군을 지휘한 최고사
령관이었다.
그는 자신의 행동 철학을 설명하며 스스로 '낙관주의자'라
고 인정한다.
그의 말에서 내가 '낙관주의'를 얼마나 오해했는지 알게 됐다.

144

내가 그동안 갖고 있던 낙관주의에 대한 이미지는

"잘될 거야" 말만 하며 대책 없이 웃고 넘기는 태도에 가까웠다.

현실을 제대로 보지 못하는, 애송이 같은 이미지 말이다.

하지만 포슈의 낙관주의는 정반대의 얼굴을 하고 있었다.

과제를 면밀히 검토하고,

자신에게 기대되는 바를 정확히 가늠한 뒤,

계획을 세우고, 그 계획을 실행하기 위한 '방법'을 찾는다.

그리고 이렇게 말한다,

"재앙에서 등을 돌리며 실패라는 가설 자체를 배제한다."

그에게 낙관은 현실 도피가 아니라,

철저한 준비 위에서 허락하는 일종의 선물이었다.

생각해보면, 우리는 종종 정반대로 살아간다.

계획과 방법은 허술한데 걱정과 비관은 촘촘하다.

혹은 아무 준비도 안 하면서 "에이, 잘되겠지" 하며

자신을 근거 없는 '희망'으로 속인다.

사령관은 지금 우리에게 이렇게 묻는 듯하다.

"제군은 실패를 무시해도 될 만큼 충분히 준비됐는가?"

낙관주의는 성격이 아니라 훈련의 결과일지 모른다.

오직 승리만을 바라보기 위해, 아니 반드시 승리하기 위해

현실을 직시하고 필요한 준비를 끝까지 마치는 군사훈련.

신은 늘 깨어 계신다

인생의 큰 슬픔에는 용기를,
작은 어려움에는 인내를 가져라.
하루 일을 힘겹게 마쳤다면 평안히 잠들라.
신은 늘 깨어 계신다.

빅토르 위고

짧지만 오래 머물게 되는 문장이다.
왜 큰 슬픔에는 용기이고, 작은 어려움에는 인내일까?
큰 슬픔은 우리 삶 자체를 망가뜨릴 만큼 압도적이기에
그 자리에선 '버티는 힘'보다
정면으로 마주하는 '용기'가 더 필요하다.
반면 일상의 작은 어려움은
하루에도 수없이 찾아오는 잔물결 같은 것들이다.
그런 것들이 찾아올 때마다 용기를 끌어내는 건,
비효율적이다.
차라리 조용히 지나가게 두는 인내가 더 큰 힘을 발휘한다.
즉 힘의 종류를 구분해 사용하는 게 지혜라는 뜻이다.
이 문장 또한 우리에게 잠을 이야기한다.
"하루 일을 힘겹게 마쳤다면 평안히 잠들라."

여기서 '잠'은 우리가 책임져야 할 것과
내려놓아야 할 것을 구분하라는 뜻으로 읽힌다.
우리가 감당할 몫은 오늘 하루 힘들게 해낸 그 일까지이며,
그 이후는 과감히 내려놓아도 된다. 신은 늘 깨어 계시기 때문이다.
"신은 늘 깨어 계신다." 이 말은,
그래서 '너는 쉬어도 된다'는 위로이며,
'너는 네게 맡겨진 일을 다 했다'는 인정이다.
밤의 어둠 속에서도 세상은 무너지지 않는다는 사실,
그 사실을 믿을 때,
우리는 잠이라는 은총을 받아들일 수 있다.
그러니 오늘을 충분히 바쁘게 살았다면,
이제 내려놓고 잠들어도 된다.
그것이 인간의 한계를 아는 지혜이자,
내일을 위한 최선의 준비다.
잠이라는 신비한 쉼 속에서 인간은 비로소 다시 살아난다.

용기는 큰 고통을 뚫고 나갈 때 필요하고,
인내는 작은 짐들을 버티게 하며,
잠은 인간이 자신에게 반드시 허락해야 하는
회복의 시간이다.

그러니 인생의 무게를 홀로 감당하려 하지 말고,
내 몫의 일을 다한 뒤에는 평안히, 잠을 누리자.
긴 밤은 신께서 대신 맡아주신다.

문제 해결의 지혜

문제가 잘 정의되면,
절반은 이미 해결된 것이다.

찰스 F. 케터링

이 문장은 문제 해결의 정수라 해도 될 만큼 핵심을 찌른다.
우리는 대체로 '문제 해결'은 해결책을 찾는 일이라고 생각
한다.
하지만 문장은 그보다 더 본질적인 지점을 가리킨다.
문제의 정체부터 정확히 파악하라!
사실 많은 문제는 '문제 자체'가 아닌
그것에 대한 잘못된 해석에서 비롯된다.
풀어야 할 것이 무엇인지가 분명하지 않으면,
해결책은 당연히 어긋난다.
문제가 흐릿하면 해결책도 흐릿해지고,
질문이 부정확하면 답 역시 부정확해진다.
우문현답? 현실에서는 희소하기에 생긴 말 아닐까.
나 역시 살면서 종종 그랬다.
일이 많아서 스트레스라고 생각했지만,
사실은 경계가 모호한 역할이 문제였고,

관계 문제라 생각했지만,
사실은 서로 다른 기대치가 문제였다.
문제에 정확한 이름을 붙이는 순간,
절반은 이미 해결된 셈이었다.
이 문장은 이렇게 말하는 듯하다.
"무작정 해결하려 달려들기 전에
먼저 문제의 정체부터 파악하라!"

요즘 인생이 복잡하게 느껴진다면,
혹은 머릿속이 뒤엉켜 있다면
해결책을 찾기보다 먼저,
문제를 다시 정의해보는 건 어떨까.
내가 붙잡고 있는 '그 문제'는 정말 문제인 게 맞을까?
아니면 지금 엉뚱한 것과 씨름하고 있는 건 아닐까?
잊지 말자.
"문제가 잘 정의되면, 절반은 이미 해결된 것이다."

오늘은 오늘의 것만 짊어져라

한 번에 한 종류의 근심만 짊어져라.
어떤 사람은 세 종류의 근심을 짊어진다.
과거에 가졌던 모든 근심,
현재 가지고 있는 모든 근심,
앞으로 예상되는 모든 근심.

에드워드 에버릿 헤일

과거의 근심은 기억 속에서만 존재하고,
미래의 근심은 상상 속에서만 존재하며,
둘 다 지금 이 순간에는 현실이 아니다.
그런데 우리는 이 모든 것을 현실로 착각하며 스스로 짓눌린다.
문장은 우리에게 이렇게 말하는 것 같다.
"당신은 생각만큼 약한 사람이 아니다.
하지만 생각만큼 강한 사람도 아니다.
그러니 짊어질 것은 지금의 것 하나로 충분하다."
오늘 하루가 버겁다면,
혹시 '세 종류의 근심'을 동시에 지고 있어서는 아닐까.
과거의 기억과 미래의 상상을 내려놓으면

지금보다 훨씬 가벼운 걸음으로 오늘을 살 수 있을 것이다.

어제의 근심은 이미 지나갔고, 내일의 근심은 내일의 내가
맞이할 것이다.
그러니, "오늘은 오늘의 것만 짊어져라."

7. 푸른 ███ █████
    █████ 하루 ███

증오심은 적들을 춤추게 한다

우리가 적을 증오할 때,
우리는 그들에게 우리를 지배할 수 있는 힘을 넘겨주는 것이다.
수면, 식욕, 혈압, 건강, 그리고 행복에 대한 권한까지.
우리가 얼마나 그들 때문에 근심하고, 고통받고,
복수심에 불타고 있는지 그들이 안다면,
우리의 적들은 기뻐 춤출 것이다!
우리의 증오는 그들에게 아무런 해도 끼치지 못하지만,
우리의 밤낮은 지옥 같은 혼란 속에 빠져 있다.

데일 카네기

누군가를 미워한다는 것은
내 잠, 내 식욕, 내 건강, 내 기분까지 몽땅
그에게 내어주고 있다는 뜻이다.
정작 나를 괴롭히는 건 그 사람이 아니라
그 사람을 미워하느라 혼란 속에 빠져 있는 내 마음이다.
카네기의 말처럼,
우리의 증오는 상대에게 아무 상처도 주지 못한다.
그들은 우리가 얼마나 힘들어하는지도 모른다.
그리고 혹시 그들이 이런 나의 상태를 알게 된다면,

오히려 기쁨에 겨워 덩실덩실 춤을 출 것이다.
하지만 우리의 내면은 분노와 복수심으로
계속해서 망가지고 있다.
불면의 밤을 지새워야 하고,
속쓰림의 고통을 매일 느껴야 한다.
미워할수록 나만 무너지고
상대는 아무 영향도 받지 않는, 이 아이러니.

증오는 상대를 흔들지 못한다.
그 감정에 나만 휘둘릴 뿐이다.
"증오심은 적들을 춤추게 한다!"

어떻게 이겨냈는가

나는 극심한 가난과 질병을 이겨냈다.
사람들이 '어떻게 이겨냈냐'고 물을 때마다, 나는 늘 이렇게
대답한다.
"나는 어제도 견뎠습니다. 그러니 오늘도 견딜 수 있습니다.
그리고 내일 무슨 일이 일어날지 생각하는 것을
스스로에게 허락하지 않습니다."

도로시 딕스

이 문장을 읽고 가장 먼저 떠오른 질문,
"이 말을 한 사람은 어떤 삶을 살았을까."
그래서 인공지능을 통해 그녀의 삶을 살폈다.
딕스는 어린 시절 집안이 몰락했고, 십대부터 가족의 생계
를 떠맡아야 했다.
결혼 후에는 정신질환을 앓는 남편을 돌보며 글쓰기로 삶을
버텨야 했다.
그녀는 타인의 고통을 관찰한 사람이 아니라,
그 한가운데를 스스로 통과한 사람이었다.
이 내용을 알게 되자 그의 고백은 더욱 깊게 들린다.
"나는 어제도 견뎠다. 그러니 오늘도 견딜 수 있다."

이 말은 희망의 기술이 아니라 살아남은 자가 터득한
가장 현실적인 생존의 지혜였다.
생각해보면, 우리를 흔드는 건 내일 그 자체가 아니다.
내일에 대해 상상하고, 예측하고, 혼자서 온갖 나쁜 시나리
오를 쓸 때다.
그때 우리는 무너지기 시작한다.
그래서 딕스는 그 문을 조용히, 하지만 단호하게 닫았다.
미래를 끌어오지 않고, 오늘이라는 시공간에만 집중했다.

오늘이 유난히 버겁다면,
우리도 그녀의 고백을 한번 붙잡아보자.
"어제를 버틴 나를 잊지 말자.
그 사실 하나면 오늘을 살아낼 수 있다.
내일은 아직 내 몫이 아니다, 그러니 생각조차 하지 말자."

안도감

만약 세상의 모든 불행을 한데 모아놓고,
각자 똑같이 나누어 가져야 한다면,
사람들은 아마도
자신이 원래 짊어졌던 불행을 다시 짊어질 것이다.
그렇게 안도하며 돌아설 것이다.

솔론

"자신이 원래 짊어졌던 불행을 다시 짊어질 것이다."
이 문장에서 한참을 멈춰 있었다.
'왜 사람들은 자기 짐을 다시 선택했을까.
더 가벼운 짐을 찾으려고 모여든 게 아닌가.'
우리는 내 삶의 무게가 가장 무겁다고 느끼기 쉽다.
그러다 타인의 짐을 들여다보는 순간,
그 무게가 결코 가볍지 않다는 사실을 깨닫는다.
보이지 않는 상처들, 말하지 않은 고통들,
겉으로는 알 수 없었던 무게들이 그 안에 숨어 있었음을
그제야 알아차린다.
내 짐이 특별히 가벼워서가 아니라,
남의 짐 또한 가볍지 않다는 것을 이해했기에

다시 자신의 짐을 선택한 것이다.

익숙해서이기도 하겠지만,

무엇보다 모든 삶에는 각자의 무게가 있다는 사실을 받아들였기 때문이다.

그렇게 '안도하며' 돌아서는 것이다.

오늘 하루, 이런 생각이 스친다.

'나는 내 삶만 유난히 버겁다고 느낀 적이 얼마나 많았던가.'

그러나 알고 보면 누구나 말하지 않은 짐을 지고 있다.

불행은 비교가 아니라

온전히 자기 삶을 받아들이는 순간에

비로소 원래 크기로 줄어든다.

오늘 이 문장을 붙잡는다.

"자신이 원래 짊어졌던 불행을 다시 짊어질 것이다.

그렇게 안도하며 돌아설 것이다."

행복으로 가는 길

행복으로 가는 길은 단 하나뿐이다. 그것은
의지로 어찌할 수 없는 일들에 대해 걱정을 끊는 것이다.

에픽테토스

이 문장을 읽으며 먼저 들었던 생각은 이것이다.
'그 시절에도 현자들은 이미 행복의 기술을 연구하고 있었
구나.'
그리고 그들이 내린 결론은 놀라울 만큼 단순했다.
"내가 어찌할 수 있는 일인가, 어찌할 수 없는 일인가."
우리를 흔드는 것들의 대부분은 실제로는 손댈 수 없는 영
역에서 온다.
남의 평가, 이미 지나간 일, 아직 일어나지 않은 미래,
내 힘으로는 움직일 수 없는 변수들이다.
그럼에도 우리는 그런 것들에 끝없이 마음을 빼앗기며
지쳐간다.
에픽테토스는, 행복이란 거창한 무언가가 아닌
하나의 '분류 기술'일 뿐이라고 말하는 것 같다.
내 힘이 닿는 일은 하면 되고,
닿지 않는 일은 내려놓으면 된다.

이 단순한 분류 작업은
생각보다 훨씬 많은 혼란을 잠재운다.

오늘 하루, 나에게 묻는다.
"지금 걱정하는 이 일, 정말 내가 어찌할 수 있는 일인가?"
행복은 뜻밖에도 문제가 해결될 때가 아니라
내가 손댈 수 없는 것에서 손을 뗄 때 조용히 그 얼굴을 내
민다.

숲의 거인은 어쩌다 쓰러졌을까

거대한 나무의 잔해가 여기 있다.
학자들에 따르면, 이 나무는 약 400년 동안 여기 서 있었다.
긴 세월 동안 벼락을 열네 번 맞았고,
수없이 많은 눈사태와 폭풍이 지난 4세기 동안 그 곁을 요
란하게 지나갔다.
나무는 그 모든 것을 견뎌냈다.
그러나 결국 이 나무를 쓰러뜨린 것은 한 무리의 딱정벌레들
이었다.
그 작은 녀석들은
나무껍질 속으로 파고들어 끊임없이 갉아먹었고
나무 내부를 서서히 파괴했다.
세월도 말려 죽이지 못하고, 벼락도 태우지 못하고,
폭풍조차 굴복시키지 못한 이 숲의 거인은,
결국 엄지와 검지로 바로 으스러뜨릴 수 있을 만큼 작은
딱정벌레들에게 쓰러지고 말았다.

해리 에머슨 포스딕

무려 400년을 버틴 거대한 나무가 쓰러졌다.
열네 번의 벼락과

수많은 눈사태와 폭풍도
어찌할 수 없었던,
그 모든 시련을 거뜬히 버텨냈던 숲의 거인은 결국
손가락으로도 으깰 수 있을 만큼 작은
딱정벌레에게 무너졌다.
이 강렬한 대비가 한동안 머릿속을 떠나지 않는다.
우리 삶도 이와 크게 다르지 않다.
큰 시련은 오히려 마음을 단단하게 만들 때가 많다.
"이건 어떻게든 버텨내야 한다"며
자기 안의 모든 힘을 다 끌어모은다.
정작 우리를 지치게 하는 건 강력한 폭풍이 아니라
아주 작은 불안, 사소한 서운함,
조금씩 깎여 나가는 자존심, 계속 미뤄지는 일들처럼
매일매일 작은 틈으로 파고드는 '딱정벌레'들이다.
그 작은 것들이 우리 내면을 조금씩 갉아먹고,
어느 순간 버틸 힘이 하나도 남지 않게 된다.
우리는 그렇게 작은 '짜증' 앞에서 무너질 때가 많다.
지금 내 마음을 조금씩 갉아먹고 있는,
그 딱정벌레는 무엇일까.
벼락도, 폭풍도 아니지만,
분명 나를 약하게 하는 어떤 작은 것들.

"폭풍조차 굴복시키지 못한 숲의 거인은,
결국 작은 딱정벌레들에게 쓰러지고 말았다."

※ 덧붙이는 문장: 데일 카네기도 이렇게 말했다. "사소한 일에 야단법석
    떨지 마라. 인생의 하찮은 것들, 그저 삶의 흰개미 같은 것들이 우리
    의 행복을 갉아먹게 두지 마라."

눈앞에 놓여 있는 일

우리가 해야 할 가장 중요한 일은,
멀리 희미하게 보이는 것을 보려 애쓰는 것이 아니라
바로 손이 닿는 곳에
뚜렷하게 놓인 일을 해내는 것이다.

토머스 칼라일

쉰을 넘어서면서
자꾸 미래를 걱정하는 나를 발견하게 된다.
멀리 있는 것들, 아직 오지 않은 일들,
그 흐릿한 그림자에 마음이 붙잡히는 순간
정작 손에 잡힌 일은 하나도 앞으로 나아가지 않는다.
생각은 바쁜데 삶은 멈춰 있는, 그 특유의 짜증스러움.
이 문장은 그런 나에게 조용히 눈치를 준다.
"여기, 손이 닿는 곳에 뚜렷하게 놓여 있는 게 있는데……."
문장은 우리에게 예언자가 되려 하지 말고
장인처럼
지금 손에 쥔 일을 묵묵히 해내라고 말하는 듯하다.
생각해보면,
피로감의 원인은 대개 '지금 하는 일'이 아니라

'아직 일어나지 않은 일'에 쓴 에너지 때문인 것 같다.
미래를 내다보려 할수록 머리만 아픈 게 아니다.
현재마저 흐릿해져 한 걸음 내딛는 게 더 어려워진다.
그러니 오늘만큼은 멀리 보려 애쓰지 말고
지금 당장 할 수 있는 일 하나에 집중해보자.
작은 일이라도, 손끝에서 느껴지는 현실의 감각은
나를 불안에서 다시 현재로 데려다줄 것이다.

오늘 하루, 이 문장을 곱씹는다.
"멀리 있는 희미함보다 눈앞의 뚜렷함에 집중하라."

어느 경영자의 깨달음

내가 어떤 일을 통제할 수 없을 때는,
그 일이 스스로 흘러가게 내버려둔다.

헨리 포드

한 시대를 이끌었던 경영자의 말이라는 점에서
이 문장은 더 강하게 다가온다.
우리는 흔히 경영자나 사장이라고 하면,
"안 되는 게 어딨어, 무조건 해내!"라고 외치는 모습을 쉽게
떠올린다.
하지만 포드의 문장은 의외의 모습을 보여준다.
사실, 우리가 자신을 관찰하면 할수록 알게 되는 게 있다.
우리가 가장 지치는 순간이,
'할 수 있는 일'이 많을 때가 아니라,
'할 수 없는 일' 하나가 우리 발목을 붙잡고 있을 때라는 걸
말이다.
그런데 그 풍경을 확대해서 보면,
'그놈'이 내 발목을 잡고 있는 게 아니라,
내가 '그놈' 발목을 붙잡고 있다는 걸 알 수 있다.
포드는 사업을 해나가면서, 혹은 삶을 살아가면서

그 지점을 정확히 꿰뚫은 것 같다.

통제할 수 없는 일이라면

통제하려는 마음도 내려놓아야 한다는 지혜를 말이다.

그러면 일은 스스로 흘러가게 되고,

우리는 다시 할 수 있는 일에 집중할 수 있다.

나이가 들수록 점점 보이기 시작하는 진실이 있다.

모든 것을 붙잡으려 할수록 삶은 더 어지러워지고

놓을 줄 알 때 오히려 길이 열린다는 것.

오늘 이 문장을 붙잡는다.

"어차피 내 손이 안 닿는 일 아닌가. 그렇다면 왜 그 일에 힘을 쓰고 있는가."

결정이 내려졌다면

결정이 내려졌고, 이제 행동해야 할 때가 되었다면,
결과에 대한 책임과 걱정은 완전히 내려놓아라.

윌리엄 제임스

회사 생활을 하면서 가장 힘든 순간은 결정이 번복되거나,
실행 단계에서 누군가 계속 걱정을 늘어놓을 때다.
뛰어야 하는 상황인데 뒤에서
"괜찮을까?" "문제 생기면 어쩌지?"
이런 말이 계속 따라오면 정말 힘이 빠진다.
개인적으로는, 이 문장이 세계적인 심리학자의 것이라는 게
인상 깊다.
심리학자의 언어라기보다는, 실무 현장에서
리더십 강사가 해주는 조언처럼 들리기 때문이다.
실행의 순간에는 의심보다 집중력이
불안보다 용기가 더 필요하다.
이미 선택한 길 위에서 계속 걱정만 되뇌는 것은
오히려 그토록 불안해했던 실패의 가능성을
더 키우는 일이다. 그것도 스스로.
그래서 이 문장은 우리에게 마음의 원리를 말해주는 것 같다.

마음의 힘을 꺾는 것은 결국 마음이라는 것.

자문해본다.
"이미 선택한 일에 쓸데없는 걱정만 보태고 있지는 않은가?
일이 안 되라고 스스로 저주를 내리고 있는 건 아닌가?"
결정 이후의 걱정은 지혜가 아니라 소음일 때가 더 많다.
내려진 결정이라면
이젠 그것을 성공시키겠다는 강한 의지만이 필요할 뿐이다.

※ 덧붙이는 문장: 데일 카네기도 이런 말을 남겼다. "결정을 내렸다면
　 그 결정을 실행하는 데 모든 시간을 쏟아라. 옳은 결정인지 아닌지 걱
　 정하는 데 시간을 쓰지 마라. 그것을 옳게 만들어라!"

진흙과 별

두 사람은 똑같은 창살 밖을 내다보았네

세상은 가장 좋은 때라도 감옥과 같고,
우리 삶은 잠시 허락된 짧은 유예기간일 뿐이네,
지혜로운 이는 가장 큰 죄가 무엇인지 아나니,
주어진 삶을 헛되이 떠나는 어리석음이라네.

두 사람은 똑같은 창살 밖을 내다보았네.
한 사람은 진흙을 보았고, 또 한 사람은 별을 보았네.

프레더릭 랭브리지

시의 앞부분에서 잠시 멈췄다.
"세상은 감옥과 같고,
우리는 잠시 허락된 짧은 유예기간을 살고 있다."
우리는 사실 왜 태어났는지 모른 채 이 세상에 놓여 있다.
주어진 시간은 생각보다 짧고, 할 수 있는 일도, 알 수 있는
것도 많지 않다.
그래서 시인은 '감옥', '창살'이라는 이미지를 통해
우리를 '갇힌 사람'으로 정의한 건지도 모르겠다.

움직임이 제한된 공간,

오직 허락된 건 창밖을 바라보는 일뿐.

그래서일까, 두 사람 모두 창살 밖을 내다보고 있다.

하지만 같은 창, 같은 시야임에도

한 사람은 진흙을 보고,

또 한 사람은 별을 본다.

이 대조가 오래도록 마음에 남는다.

조건은 같지만 시선이 다르다.

같은 하루라도 마음의 방향에 따라 풍경이 완전히 달라진다.

우리는 왜 태어났는지 모른 채 이 세상에 놓였지만,

단 하나 주어진 자유가 있다면 그건 아마

"이 세상을 어떻게 바라볼 것인가" 하는 시선의 자유 아닐까.

그리고 그 자유가 우리의 이유를 가르쳐주지 않을까.

오늘 이 문장을 붙잡는다, 나의 시선을 옮기기 위해.

"두 사람은 똑같은 창살 밖을 내다보았네.

한 사람은 진흙을 보았고, 또 한 사람은 별을 보았네."

시간이 얼마 남지 않았다면

해마다 '언젠가는 풀어야지' 하면서도 심각한 오해들을 그대로 놔두는 사람들아,

자존심을 내려놓기가 망설여져 비루한 싸움을 여전히 끌고 가는 사람들아,

거리에서 마주쳐도 어리석은 앙심 때문에 인사조차 하지 못하지만, 내일 아침 그가 죽었다는 소식을 들으면

후회와 부끄러움으로 괴로워할 것을, 스스로 아는 사람들아,

이웃이 굶어 죽어간다는 소식을 듣기 전까지는 모른 척 눈 감고 있는 사람들아,

친구가 칭찬 한마디, 따뜻한 위로 한마디를 기다리며 마음 아파하고 있어도

'언젠가 해줘야지' 하며 끝없이 미루고 있는 사람들아,

만약 당신이 문득, '시간이 얼마 남지 않았다'는 사실을 똑똑히 보고, 알고, 느낄 수만 있다면

그 순간 당신을 붙잡고 있던 모든 어둠의 마법은 산산이 깨지고 말 것이다.

그리고 당신은 망설임 없이 곧장 가서,

어쩌면 다시는 기회가 없을지 모를 그 일을 지금, 바로 하게 될 것이다.

필립스 브룩스

한 문장 한 문장, 나를 겨냥한 것 같다.

마치 나를 잘 아는 누군가가

나의 습관처럼 굳어진 미루기,

유리 같은 자존심, 외면하고 싶은 현실의 목록을

하나씩 읊어주는 것 같다.

그러다 마지막에 이르러, 문장들이 가슴을 조용히 때린다.

"시간이 얼마 남지 않았다면, 너는 지금 무엇을 바로 하게 될

것인가?"

어쩌면 우리가 쉽게 변하지 못하는 이유는

시간이 충분하다고 착각하기 때문인지도 모르겠다.

아직은 괜찮다고, 내일도 있다고, 언젠가 하면 된다고.

하지만 그 '언젠가'는

'결코 오지 않을 날'의 다른 이름 아닐까.

이 문장을 붙잡고 조용히 묻는다.

"정말 시간이 많이 남았을까. 그렇게 믿고 싶은 건 아닐까."

문장의 주인공들

※ 본문 등장순, 중복 제외

요한 볼프강 폰 괴테 Johann Wolfgang von Goethe, 1749~1832

독일 문학을 대표하는 인물로, 독일 고전주의의 중심에 있었다. 문학뿐 아니라 자연과학, 색채 이론, 정치 행정 등 다양한 분야로 활동 영역을 넓혔으며, 유럽 지성사 전반에 장기적인 영향을 미친 인물로 평가된다. 대표작으로는 《파우스트Faust》, 《젊은 베르테르의 슬픔 The Sorrows of Young Werther》 등이 있다.

에드워드 헨리 해리먼 Edward Henry Harriman, 1848~1909

19세기 말에서 20세기 초 미국 철도 산업을 재편한 핵심 인물로, 유니언 퍼시픽Union Pacific 철도의 재건과 확장을 주도했다. 미국 산업자본주의와 대규모 기업 경영 체계 확립에 큰 영향을 미쳤다.

엘리너 루스벨트 Eleanor Roosevelt, 1884~1962

프랭클린 D. 루스벨트 대통령의 부인으로, 기존의 영부인 역할을 확장해 사회 문제와 인권 의제를 공적으로 제기했다. 제2차 세계대전 이후 유엔 인권위원회 의장으로 활동하며 1948년 세계인권선언 채택에 핵심적인 역할을 했다.

오마 브래들리 장군 General Omar Bradley, 1893~1981

제2차 세계대전 당시 유럽 전선에서 미 제12군집단12th Army Group을 지휘하며 노르망디 상륙 이후 프랑스 해방 작전을 이끌었다.

헨리 데이비드 소로 Henry David Thoreau, 1817~1862

미국 초월주의Transcendentalism 사상을 대표하는 인물 중 한 명으로, 자립적 삶과 개인의 도덕적 양심을 강조했다. 그의 에세이 《시민 불복종Civil Disobedience》은 훗날 마하트마 간디와 마틴 루터 킹 주니어 등에게 비폭력 저항 사상의 이론적 토대를 제공했다. 또 다른 대표작으로 《월든Walden》이 있다.

데일 카네기 Dale Carnegie, 1888~1955

대중을 대상으로 한 실용적 자기계발 강연과 저술을 통해 20세기 미국 자기계발 문화 형성에 결정적인 영향을 미쳤다. 의사소통, 대인관계, 자기 통제에 관한 그의 원칙들은 오늘

날까지도 교육·비즈니스·리더십 분야에서 널리 활용되고 있다. 대표작으로는 《인간관계론 How to Win Friends and Influence People》이 있다.

랠프 월도 에머슨 Ralph Waldo Emerson, 1803~1882

미국 초월주의를 대표하는 사상가로, 개인의 자율성·자기 신뢰·도덕적 독립성을 강조했다. 헨리 데이비드 소로를 비롯한 동시대 사상가와 문인들에게 지적 토대를 제공하며 미국 사상사 전반에 큰 영향을 끼쳤다. 대표작으로 《자연Nature》,《자기 신뢰Self-Reliance》 등이 있다.

엘버트 허버드 Elbert Hubbard, 1856~1915

미국에서 큰 영향력을 가졌던 에세이스트이자 출판인으로, 실행력·책임·자기주도성을 강조한 글로 대중적 명성을 얻었다. 예술공예 운동인 로이크로프트Roycroft 운동을 이끌었다. 대표작으로 《가르시아 장군에게 보내는 편지A Message to Garcia》가 있다.

에밀 쿠에 Émile Coué, 1857~1926

프랑스의 '자기 암시요법Coué Method'의 창시자로, 반복적 긍정 암시가 행동과 심리에 영향을 미친다는 점을 강조했다. 그의 사상은 이후 긍정심리학, 자기계발, 심리치료 기법 발전에 영향을 미쳤다. 대표작으로 《자기암시Self-Mastery Through Conscious Autosuggestion》가 있다.

토머스 E. 윌슨 Thomas E. Wilson, 1868~1934

미국의 사업가로, 식육 가공 기업 윌슨 앤드 컴퍼니Wilson & Co.를 이끌었으며, 이후 윌슨 스포츠용품Wilson Sporting Goods의 설립과 성장에 관여했다.

윈스턴 처칠 Winston Churchill, 1874~1965

제2차 세계대전 당시 영국의 총리로서 나치 독일에 맞서 영국을 이끌었다. 또한 역사 저술과 연설로도 큰 영향력을 발휘했다. 대표작으로 《제2차 세계대전The Second World War》이 있다. 1953년 노벨 문학상을 수상했다.

헬렌 켈러 Helen Keller, 1880~1968

설리번 선생님과의 이야기로 유명하다. 시각과 청각을 모두 잃은 상태에서도 교육을 받고 저술과 강연 활동을 펼치며 장애인의 사회 참여 가능성을 전 세계에 보여준 인물이다. 장애인 권리, 교육, 사회 정의 문제에 적극적인 발언을 했으며, 개인의 의지와 실천이 삶과 사회를 변화시킬 수 있음을 상징적으로 보여주었다. 대표작으로 《내 인생 이야기The Story of My Life》가 있다.

시어도어 루스벨트 Theodore Roosevelt, 1858~1919

미국의 진보주의 개혁을 이끈 대통령(제26대)으로, 기업 독점 규제와 자연 보호 정책을 추진했다. 미국 정치사에 중요한 흔적을 남긴 인물로, 1906년 노벨 평화상을 수상했다.

조지프 러디어드 키플링 Joseph Rudyard Kipling, 1865~1936

19세기 말~20세기 초 영국을 대표하는 작가로, 1907년 노벨 문학상을 수상한 최초의 영국인 작가이자 당시 기준으로 최연소 수상자였다. 대표작으로 《정글북The Jungle Book》이 있다.

미셸 드 몽테뉴 Michel Eyquem de Montaigne, 1533~1592

근대적 의미의 수필(에세이) 형식을 확립한 인물로 평가된다. 인간의 불완전성, 자기 성찰, 경험에 기반한 사유를 강조했으며, 회의주의적 태도와 관용의 정신은 이후 유럽 인문주의와 근대 사상 전개에 영향을 미쳤다. 대표작으로 《수상록Essais》이 있다.

앙리 포코니에 Henri Fauconnier, 1879~1973

프랑스 작가로, 동남아시아에서의 체험을 바탕으로 한 소설 《말레이시아Malaisie》를 통해 식민지 세계의 삶과 인간 내면을 사실적으로 묘사했다. 이 작품으로 1930년 공쿠르상Prix Goncourt을 수상했다.

로버트 W. 서비스 Robert W. Service, 1874~1958

캐나다 유콘 지역의 골드러시 경험을 바탕으로 한 서사시로 명성을 얻었다. 거친 자연 속 인간의 고독, 생존, 용기를 노래한 작품들로 대중성과 문학성을 함께 확보한 시인으로 평가된다. 대표작으로 〈새뮤얼 맥기의 화장The Cremation of Sam McGee〉(시집 《유콘의 노래들

Songs of a Sourdough》에 수록됨)이 있다.

나폴레옹 보나파르트 Napoleon Bonaparte, 1769~1821

프랑스 혁명 이후 권력을 장악해 프랑스 제1제국의 황제가 되었으며, 유럽 전역에 걸친 전쟁을 통해 정치·군사 질서를 근본적으로 변화시켰다. 그가 정비한 나폴레옹 법전은 재산권·법 앞의 평등·세속 국가 원칙을 확립하며 프랑스를 넘어 유럽과 세계 여러 국가의 근대 법체계에 영향을 미쳤다.

체스터필드 경 Lord Chesterfield, 1694~1773

18세기 영국의 정치가이자 교양 사상가로, 도덕·예절·자기 절제·실천적 지혜를 다룬 편지들을 통해 널리 알려졌다. 대표작《아들에게 보내는 편지Letters to His Son》는 인격 수양의 고전으로 평가받고 있다.

윌리엄 제임스 William James, 1842~1910

미국 프래그머티즘pragmatism 철학을 정립한 핵심 인물로, 인간의 신념·의지·경험이 진리 형성과 행동에 미치는 역할을 강조했다. 철학과 심리학을 분리된 학문이 아닌 연속선상에서 다루며, 현대 심리학의 기초 형성과 미국 사상 전반에 깊은 영향을 미쳤다. 대표작으로《심리학의 원리The Principles of Psychology》,《프래그머티즘Pragmatism》,《종교적 경험의 다양성The Varieties of Religious Experience》등이 있다.

시드니 스미스 Sydney Smith, 1771~1845

19세기 영국을 대표하는 에세이스트이자 풍자 작가. 〈에든버러 리뷰〉의 공동 창간 멤버로 활동하며 정치·사회 문제에 대한 평론으로 영향력을 발휘했다.

윌리엄 페더 William Feather, 1889~1981

미국의 출판인이자 에세이스트로, 자기계발과 성공 원칙을 다룬 짧은 글과 격언으로 널리 알려졌다.

해리엇 비처 스토 Harriet Beecher Stowe, 1811~1896

소설가이자 사회운동가로, 노예제의 비인도성을 고발한《톰 아저씨의 오두막Uncle Tom's Cabin》을 통해 19세기 미국 사회에 강력한 도덕적·정치적 반향을 일으켰다. 이 작품은 미국 내 반노예제 여론 확산에 크게 기여했으며, 문학이 사회 개혁과 공공 담론에 영향을 미칠 수 있음을 보여준 대표적 사례로 평가된다.

헨리 워즈워스 롱펠로 Henry Wadsworth Longfellow, 1807~1882

19세기 미국을 대표하는 시인으로, 일상적 언어와 서정성을 바탕으로 시를 대중에게 널리 확산시켰다. 에머슨 등과 함께 이른바 '파이어사이드 시인Fireside Poets'으로 불리며, 미국 문학이 유럽 중심 전통에서 벗어나 독자적 정체성을 형성하는 데 기여했다.

윌리엄 글래드스턴 William Ewart Gladstone, 1809~1898

19세기 영국 자유당을 대표하는 정치가로, 영국 총리를 네 차례 역임했다. 재정 개혁, 선거제도 확대, 행정 개혁을 추진하며 영국 자유주의 정치 전통을 확립하는 데 핵심적인 역할을 했다.

우드로 윌슨 Woodrow Wilson, 1856~1924

미국의 학자 출신 대통령(제28대)으로, 행정부 개혁과 진보주의 정책을 추진했다. 제1차 세계대전 이후 국제 질서 재편을 주장하며 국제연맹 창설을 주도한 공로로, 1919년 노벨 평화상을 수상했다.

프레더릭 윌리엄슨 Frederick Williamson

열정의 중요성을 강조하는 명언의 출처로 이름이 인용되지만, 실제 전기적 정보와 저작·강연 활동은 거의 알려져 있지 않다.

윌리엄 메이크피스 새커리 William Makepeace Thackeray, 1811~1863

19세기 영국을 대표하는 소설가 중 한 명으로, 빅토리아 시대 사회의 위선과 허영을 날카로운 풍자와 사실주의적 문체로 묘사했다. 대표작《허영의 시장Vanity Fair》은 영웅 없는 소설로 평가받으며, 이후 영국 사실주의 소설 전통 형성에 중요한 영향을 미쳤다.

제임스 가필드 James A. Garfield, 1831~1881

미국 남북전쟁에 참전한 뒤 정치에 입문해 연방 하원의원으로 활동했으며, 1881년 미국 제20대 대통령에 취임했지만, 재임 초기 암살 시도 후 합병증으로 생을 마감했다. 교육과 지적 성취를 중시한 대통령으로 알려져 있다.

윌리엄 오슬러 경 Sir William Osler, 1849~1919

근대 임상의학과 의학교육의 기초를 확립한 인물로 평가된다. 의과대학 교육에서 병상 중심 임상 교육bedside teaching을 강조하며 의학을 이론 중심에서 환자 중심 실천 학문으로 전환하는 데 결정적 기여를 했다. 오늘날까지도 그의 교육 철학과 직업윤리는 전 세계 의학 교육의 기준으로 남아 있다.

루이자 메이 올컷 Louisa May Alcott, 1832~1888

19세기 미국을 대표하는 여성 작가로, 《작은 아씨들Little Women》을 통해 여성의 성장, 자립, 가족과 도덕적 가치라는 주제를 대중 문학의 중심으로 끌어올렸다. 당대 여성 독자들에게 큰 공감을 얻으며 미국 아동·청소년 문학과 여성 문학 전통 형성에 중요한 영향을 미쳤다.

매튜 아널드 Matthew Arnold, 1822~1888

빅토리아 시대 영국을 대표하는 시인이자 문화 비평가로, 문학·종교·교육을 아우르며 '문화culture'의 사회적 역할을 강조했다. 문학 비평에서 객관성과 기준의 중요성을 주장하며 이후 영문학 비평 전통 형성에 영향을 미쳤다.

에이브러햄 링컨 Abraham Lincoln, 1809~1865

미국 남북전쟁 시기 대통령(제16대)으로서 연방을 보존하고 노예제 폐지를 선언한 노예해방선언(1863)을 이끌었다. 게티즈버그 연설에서 말한 '국민의, 국민에 의한, 국민을 위한'은 민주주의 정부의 이상을 요약한 표현으로 지금까지 회자되고 있다.

유진 G. 그레이스 Eugene G. Grace, 1876~1960

베들레헴 스틸Bethlehem Steel의 사장 및 이사회 의장으로 재직하며 미국 철강 산업에서 영향력을 발휘한 경영자였다.

제임스 고든 길키 James Gordon Gilkey

20세기 미국의 설교집, 인용집 등에 이름이 나오는 목사로, 시간·집중·일상의 태도를 주제로 한 문장이 주로 인용문 형태로만 전해지고 있다.

존 몰리 경 Viscount John Morley, 1838~1923

자유주의 사상을 대표한 영국의 정치가이자 지식인. 식민 통치·종교·양심의 자유 문제에 대해 원칙적 입장을 견지했다. 글래드스턴 전기의 저자로서 정치 전기 문학의 중요한 기준을 세웠다.

조지프 터커맨 Joseph Tuckerman, 1778~1840

미국의 목사이자 사회개혁가. 19세기 초 미국 보스턴에서 빈민 사역을 조직하고 실천한 인물로, 체계적인 도시 빈곤 구제와 사회복지 활동의 선구자로 평가받는다.

호라티우스 Horace, BC 65~BC 8

고대 로마를 대표하는 서정 시인으로, 균형·절제·인간 감정에 대한 통찰을 바탕으로 한 작품들로 높은 평가를 받는다. 그의 문학 이론과 표현 원칙은 중세와 르네상스를 거쳐 서구 문학과 시 비평 전통 전반에 지속적인 영향을 미쳤다.

버나드 바루크 Bernard Baruch, 1870~1965

미국의 저명한 금융가로, 제1·2차 세계대전 기간에 미국 정부의 경제·군수 정책에 대한 대통령 자문역을 맡았다. 프랭클린 D. 루스벨트 등 여러 대통령에게 조언하며 20세기 미국 공공정책과 경제 운영에 실질적인 영향을 미친 인물이다.

해리 에머슨 포스딕 Harry Emerson Fosdick, 1878~1969

20세기 미국을 대표하는 자유주의 개신교 목사로, 신앙과 현대 사회·심리·윤리 문제를 연결한 설교와 저술로 널리 알려졌다. 뉴욕 리버사이드 교회Riverside Church의 초대 담임목사로 활동했다.

헨리 J. 카이저 Henry J. Kaiser, 1882~1967

미국의 기업가로, 제2차 세계대전 중 카이저 조선소Kaiser Shipyards를 통해 고속 선박 대량 건조 체계를 확립했다. 전후에는 카이저 퍼머넌트Kaiser Permanente의 기반을 마련하며 산업 복지와 의료 시스템 발전에도 영향을 미쳤다.

토머스 브라운 경 Sir Thomas Browne, 1605~1682

17세기 영국의 학자적 산문 전통을 대표하는 인물로, 의학·자연철학·신학을 넘나드는 독창적인 사유와 문체로 평가받고 있다.

라인홀트 니부어 Reinhold Niebuhr, 1892~1971

20세기 미국을 대표하는 개신교 신학자로, 이른바 기독교 현실주의Christian Realism를 정립한 인물이다. 이상주의와 권력 현실 사이의 긴장을 분석하며 정치·윤리·국제관계 담론에 큰 영향을 미쳤다. 대표작으로 《도덕적 인간과 비도덕적 사회Moral Man and Immoral Society》가 있다.

블레즈 파스칼 Blaise Pascal, 1623~1662

확률론의 기초를 놓고 유체 압력에 관한 파스칼의 원리를 정립한 과학자이자, 인간의 이성·신앙·불안정성을 깊이 탐구한 철학자였다. 대표작 《팡세Pensées》를 통해 인간의 한계와 신앙의 문제를 깊이 통찰했으며, 근대 과학과 종교적 사유가 분리되던 시기의 지성사를 이해하는 데 핵심 인물로 평가받는다.

새뮤얼 존슨 Samuel Johnson, 1709~1784

18세기 영국 문학과 지성사를 대표하는 인물로, 영어 어휘와 용례를 체계화한 《영어 사전A Dictionary of the English Language》을 통해 근대 영문학 비평과 언어 연구의 기준을 확립했다.

프랜시스 베이컨 Francis Bacon, 1561~1626

근대 경험론적 과학 방법론 정립에 핵심적인 역할을 한 사상가로 평가된다. 연역적 추론보다 관찰과 실험에 기반한 지식 축적을 강조하며, 근대 과학 혁명과 이후 학문 연구 방식 전반에 영향을 미쳤다. 대표작으로 《학문의 진보The Advancement of Learning》, 《신기관

Novum Organum》등이 있다.

페르디낭 포슈 원수 Marshal Ferdinand Foch, 1851~1929

제1차 세계대전 말기 연합군 최고사령관으로서 연합군 작전을 총괄했으며, 1918년 프랑스 원수Marshal of France에 임명되었다. 전후에는 군사 전략·작전술에 관한 저술과 교육을 통해 20세기 초 군사사상 형성에 영향을 끼쳤다. 대표작으로《전쟁의 원리Des principes de la guerre》가 있다.

빅토르 위고 Victor Hugo, 1802~1885

19세기 프랑스를 대표하는 문학가로, 낭만주의 문학의 중심 인물이다. 문학 활동과 함께 정치에도 참여하며 사형제 반대, 사회적 약자 보호 등 인도주의적 가치와 공화주의 사상을 강하게 주장했다. 그의 작품들은 사회 정의, 인간 존엄, 연민과 책임이라는 주제를 통해 프랑스를 넘어 전 세계적인 사회의식 형성에 영향을 미쳤다. 대표작으로《레 미제라블Les Misérables》,《노트르담의 꼽추The Hunchback of Notre-Dame》등이 있다.

찰스 F. 케터링 Charles F. Kettering, 1876~1958

델코Delco 설립자이자 제너럴 모터스GM 연구 부문을 이끈 핵심 인물로, 자동차의 대중화에 역할을 한 전기식 시동장치를 비롯해 다수의 산업 발명을 주도했다.

에드워드 에버릿 헤일 Edward Everett Hale, 1822~1909

19세기 미국의 작가이자 목사로, 시민적 책임과 도덕적 실천을 강조한 글과 설교로 알려졌다. 남북전쟁 시기 애국심을 고취한 단편 〈국적 없는 남자The Man Without a Country〉로 널리 명성을 얻었으며, 사회 개혁·자선 활동과 결합된 문필 활동을 통해 대중적 영향력을 발휘했다.

도로시 딕스 Dorothy Dix, 본명: Elizabeth Meriwether Gilmer, 1861~1951

20세기 초 미국에서 가장 널리 읽힌 상담 칼럼니스트로, 가정·결혼·여성의 삶과 자립 문제를 다룬 글을 통해 대중적 영향력을 발휘했다. 남편의 정신적·재정적 문제와 긴 간병 부담, 젊은 시절의 경제적 어려움 등을 바탕으로 한 그녀의 조언은 당대 독자들에게 큰 공감과 지지를 얻었다.

솔론 Solon, 대략 BC 638~BC 558

고대 그리스의 대표적인 정치가이자 입법가로, 아테네의 귀족 독재를 종식하고 평등한 법체계를 도입한 인물이다. 그는 일곱 현인Seven Wise Men of Greece 중 한 명으로 꼽히며, 아테네 민주주의 발전에 큰 영향을 끼쳤다.

에픽테토스 Epictetus, 대략 50~135

노예 출신의 스토아 철학자로, 제자 아리아노스Arrianus가 기록한 저술을 통해 사상이 전해진다. 자기 통제·내적 자유·평정의 개념은 이후 스토아 철학과 근대 자기수양 사상에 지속적인 영향을 미쳤다.

토머스 칼라일 Thomas Carlyle, 1795~1881

19세기 영국을 대표하는 사상가이자 역사가로, 역사를 위대한 인물과 도덕적 결단의 산물로 바라보는 영웅사관을 제시했다. 노동, 책임, 실천의 가치를 강조한 그의 사유는 빅토리아 시대의 도덕관과 사회 인식 형성에 큰 영향을 미쳤다.

헨리 포드 Henry Ford, 1863~1947

포드 자동차Ford Motor Company를 설립하고 이동식 조립라인을 도입해 자동차의 대량생산과 가격 인하를 실현했다. 이는 산업 생산 방식과 노동 구조, 대중 소비문화 전반에 결정적인 변화를 가져오며 20세기 산업사회 형성에 큰 영향을 미쳤다.

프레더릭 랭브리지 Frederick Langbridge, 1849~1922

영국의 시인이자 성공회 신부로, 일상과 삶의 태도를 상징과 대비를 통해 간결하게 표현한 작품들로 널리 알려졌다.

필립스 브룩스 Phillips Brooks, 1835~1893

19세기 미국을 대표하는 설교가. 보스턴 성공회 주교로 재직하며 종교는 개인적 신앙은 넘어 일상의 윤리와 인간관계 속에서 실천되어야 한다고 주장했다.

tg 004

내가 허락하지 않는 한
: 마음을 지키는 습관, 한 문장 붙잡기

초판 1쇄 발행 │ 2026년 2월 10일

엮고 쓴 이 충희

펴낸이 김성수
펴낸곳 여린풀
출판등록 제2024-000243호
이메일 tendergrass001@gmail.com
디자인 스튜디오41

ISBN 979-11-992406-6-7 (03190)